中國第一歷史檔案館

明清宮藏中西商貿檔案（八）

光緒元年起
宣統三年止

中國檔案出版社

目 录

第八册

八六四　直隸總督李鴻章奏折
澳門等處設有猪仔館
（光緒元年七月初十日）

覽

○另抄交總理衙門

元年七月初十

李鴻章片

再秘魯使臣葛請分送往日所以保護既往之華
人也而於往來未往之華人尤不可不預早圖維
致入陷阱查澳門等處向設有招工局即俗名猪
仔館愚民一入局中遂致長逝不返此因澳門之大
西洋假經英人責以大義業已停止招工然暗中
招雇仍所不免此次派員赴廈門及閩粵二省不通
商口岸往往有夾板輪船私自前往誘買人口現在
秘魯條約內既議明別有招致之法均非所准並
澳門及各口不准誘騙一層似方假義詞要立善
法尚可漸杜奸謀合先聲明

八六四　直隸總督李鴻章奏折　澳門等處設有猪仔館（光緒元年七月初十日）

天恩飭下廣東福建督撫會同嚴申條約
擬杜弊章程嚴明實力無論務使足以防
誘拐之弊而且足以杜遠人之口至於稅務司及
關粵各口稅務司久悉誘拐確情極杜弊之
法亦有確見真知可以兼收並采而資
飭總理衙門轉行總稅務司及閩粵各口稅務司
一并妥議務查拐騙之法呈覆采擇施行
至該口稅務司如查有拐騙華民出洋約
幾起以上人數約幾十以上似當酌加獎勵
足以示鼓舞且為防範未然起見是否

八六四 直隸總督李鴻章奏折

澳門等處設有猪仔館

（光緒元年七月初十日）

賞伏乞

聖鑒訓示謹

奏

光緒元年七月初十日軍機大臣奉

旨

欽此

八六五　粤海關監督文铦奏折

光緒元年份大關并潮州新關收支洋税總數（光緒二年六月初六日）

二品頂戴粤海關監督奴才文銛跪

奏為具報光緒元年分洋税第五十七結至第六十結一年期内大關並潮州新關收支總數恭

摺仰祈

聖鑒事竊照粤海關每年徵收税銀向係按照關期將收支各數分款造報前於同治二年十一月

聞奉部剳行

奏准將各海關洋税收支數目均以咸豐十年八月十七日為始仍按三箇月奏報一次扣足四結專摺奏銷一次仍從第一結起造具每結四柱清冊送部查覈毋庸按照關期題銷以清界

八六五　粤海關監督文銛奏折

光緒元年份大關并潮州新關收支洋税總數(光緒二年六月初六日)

劃而免稽延其各關應徵常税仍令各按關期照常題銷以符舊制等因業將同治十三年分第五十三結至五十六結一年期内收支總數奏報在案兹查光緒元年分自同治十三年八月二十一日第五十七結起至光緒元年九月初二日第六十結止大關共徵銀八十七萬五千五百四十八兩三錢五分八釐又招商局輪船共徵銀一萬三千五百五兩四錢九分三釐潮州新關共徵銀三十三萬四千六百八十三兩八錢七分四釐又招商局輪船共徵銀一萬四千八百三十一兩三錢三分七釐四共徵銀一

百二十三萬八千五百六十九兩六分二釐内
除内務府行取緞紗綢綾布疋洋氈共工價銀
一千二十九兩一分八釐造辦處行取洋玻璨
塊價等銀三萬五千五百五十七兩又行取紫
榆木價等銀一萬六千九百九十二兩五錢六
分又行取伽楠香珊瑚價等銀七千三百六十
二兩又行取緞地繡五彩屏風工價等銀三千
四百八十五兩三錢又行取各色綵子工價等
銀八萬三百四十九兩又行取琺瑯香盒鑪瓶
銀花及脩理琺瑯杯盤共工價等銀三千六百
六十七兩二錢又

傳辦玉器衣料等件共銀六萬三千八十二兩三錢四分循例撥支普濟院公用銀四萬兩支銷大關經費養廉工食等銀四萬二千九百三十兩一錢二分六釐解員匯解京餉匯費銀三萬四千二十兩五錢三分八釐大關税務司經費銀一十二萬兩大關津貼經費銀二萬三千七百三十六兩潮州新關税務司經費銀三萬一千二百兩潮州新關津貼經費銀一萬八千二百八十兩八錢大關火耗銀一萬五百六兩五錢八分招商局輪船火耗銀一百六十二兩六分六釐潮州新關火耗銀四千一十六兩二錢六

釐招商局輪船火耗銀一百七十七兩九錢七
分六釐以上十九款共撥支銀五十三萬六千
五百五十四兩七錢一分尚存循例報解水脚
銀一萬六千六百五十九兩三錢二分六釐部
飯食銀一萬九十三百一十五兩一錢五分六
釐正雜盈餘水脚、公用、補艇等十五兩加平銀
九千九百六十七兩二錢三分公用米艇等二
十五兩加平銀八千二百五十兩解部關税銀
六十四萬七千八百二十二兩六錢四分又另
存北海新關自同治十年九月十二日起至十
二年三月二十五日止貨税銀一萬八千七百

八六五　粵海關監督文銛奏折

光緒元年份大關并潮州新關收支洋税總數(光緒二年六月初六日)

八十八兩四錢六釐又存同治十二年分常税正雜盈餘並水脚部飯食及正雜盈餘水脚平餘等十五兩加平暨另存平餘等款共銀一十一萬二千四百九十五兩二錢五分七釐以上七款共應存銀八十三萬三千二百九十八兩一分五釐查光緒元年分解過部庫連加平飯銀一十萬四千四百兩廣儲司公用連加平共銀三十一萬二千兩造辦處米艇連加平共銀三萬一千二百兩解過廣東藩庫本省兵餉銀七萬兩

普陀峪萬年吉地工程銀五萬兩

惠陵工程銀五萬兩部庫墊發神機營月餉銀四萬五千兩榮營月餉銀一萬四千四百兩添撥榮營月餉銀三萬兩景營月餉銀七萬兩金營月餉銀三萬兩又解過金營月餉銀四萬兩奉天府府尹練餉銀二萬兩西征糧臺協餉銀五萬兩雲南銅本銀六萬兩日本國撫卹銀六萬兩匯解總理各國事務衙門三成船鈔銀九千四百二十一兩二錢九分交税務司七成船鈔銀二萬一千九百八十三兩一分應解總理各國事務衙門大關招商局輪船船鈔銀三百六十八兩交税務司購買船礮銀十萬兩解北洋大臣

八六五　粤海關監督文铦奏折　光緒元年份大關并潮州新關收支洋稅總數(光緒二年六月初六日)

海防經費四成洋稅銀六萬八千四十八兩四釐六毫匯費銀二千七百二十一兩九錢二分二毫存解部庫四成銀九萬二千七百六十一兩二錢四分八釐内務府行取金三千五百兩價等銀六萬四千七百五十兩造辦處行取金四千五百兩價等銀八萬三千二百五十兩解過陝西協餉銀一十二萬兩以上二十六款共撥解銀一百六十萬三百三兩四錢七分二釐八毫連上年不敷撥解銀九十二萬八千一百二十一兩三錢五分五釐六毫共銀二百五十二萬八千四百二十四兩八錢二分八釐四毫

八六五　粤海關監督文銛奏折

光緒元年份大關并潮州新關收支洋税總數(光緒二年六月初六日)

業將應存銀八十三萬三千二百九十八兩一分五釐抵撥計不敷銀一百六十九萬五千一百二十六兩八錢一分三釐四毫除將同治十二年分常税二成經費十三年分洋税二成經費光緒元年分洋藥税半税招商局輪船洋藥税半税共銀三十四萬三千二十一兩一錢九分一釐八毫又怡和等行代繳萬源等行欠項銀二萬二千兩統共銀三十六萬五千二十一兩一錢九分一釐八毫全數借撥合計尚不敷銀一百三十三萬一百五兩六錢二分一釐六毫伏查奉撥京餉及例解廣儲司公用銀兩均

屬支放要需亟應依限籌解若俟庫有徵存誠
恐遲誤弁設法騰挪先向西商通融墊解仍歸
入下年分徵税内撥抵數辦除遵照扣足四結
為一年造具四柱清冊並將同治十二年分應
存常税二成經費十三年分洋税二成經費及
光緒元年分洋藥税半税招商局輪船洋藥税
半税暨怡和等行代繳行欠等銀逐款一併列
冊送部查覈外謹將光緒元年分洋税大關及
潮州新關收支各數目恭摺具

奏伏乞

皇太后

皇上聖鑒謹

奏

軍機大臣奉

旨該衙門知道欽此

光緒二年六月 初六 日

八六六　粵海關監督文銛奏折　交卸印務日期（光緒二年六月二十三日）

二品頂戴粵海關監督臣文銛跪

奏為恭報交卸印務日期仰祈

聖鑒事竊臣承准戶部劄知光緒二年四月二十五

日奉

旨粵海關監督著俊啓去欽此茲新任監督俊啓於

六月二十四日行抵廣東省城臣隨派大關委

員貴舒恭齎粵海關關防一顆並庫儲錢糧逐

款造冊及大關各口共徵洋稅常稅洋藥稅土

貨半稅招商局輪船貨稅潮州新關共徵洋稅

常稅洋藥稅土貨半稅招商局輪船貨稅暨各

洋藥稅廠廉州北海口收支各數目均截至六

八六六　粵海關監督文銛奏折

交卸印務日期（光緒二年六月二十三日）

月二十三日止一併移交接收茶傒各關口截

數報齊交代清楚卽行起程回京除循例恭疏

題報外所有茶交卸印務日期謹恭摺具

奏伏乞

皇太后

皇上聖鑒謹

奏

軍機大臣奉

旨知道了欽此

光緒二年六月　二十三　日

再查洋税按照結期自光緒元年九月初三日起截至二年六月二十三日止計十箇月零十二日大關共徵洋税銀七十二萬四千二百二十兩五錢三分二釐洋藥税銀一萬四千四百五十三兩八錢四分五釐土貨半税銀三萬六千一百四十六兩四錢二分五釐招商局輪船洋税銀二萬七千七百五十四兩七錢五分二釐土貨半税銀五千六百六十八兩四錢二分五釐潮州新關共徵洋税銀三十三萬七千六百六十三兩六錢九分二釐洋藥税銀二十八萬四千四兩七錢五分土貨半税銀四萬九百

八六七　粵海關監督文銛奏折　大關及潮州關征收常洋各税銀數(光緒二年)

八十九兩七錢八分六釐招商局輪船洋税銀一萬五千三百七兩六錢五分八釐洋藥税銀十一兩一錢五分土貨半税銀五千八百五十二兩九錢一分一釐常税按照關期自光緒二年二月二十六日起連閏截至六月二十三日止計四箇月零二十八日大關共徵常税銀四萬七千五百三兩一錢四分四釐各口徵銀一萬二千三十五兩三錢四分三釐潮州所關共徵常税銀八千七百五十一兩三錢六分一釐又新安香山等屬各洋藥税厰共徵洋藥税銀十一萬九千三百五十五兩三錢除支銷經費

銀八萬八千二百六十九兩八錢四分三釐存
銀三萬一千八十五兩四錢五分七釐又北海
關口共徵貨稅銀一萬九十六兩三錢九分五
釐除支銷經費銀四千四十二兩七分五釐存
銀六千五十四兩三錢二分以上各款覈明一
併移交新任監督俊啟接管謹附片陳明伏乞
聖鑒謹
奏
軍機大臣奉
旨知道了欽此

八六八　總理衙門奏折

出使英國大臣郭嵩燾辦理英商太古洋行躉船移泊案(光緒三年正月二十七日)

附

正月廿

總理衙門片

再查衙門於光緒元二年間，前據准南洋大臣沈葆楨咨據鎮江關道沈敦蘭等稟以鎮江關署前江岸因英商太古洋行躉船停泊起卸貨物，致逼關衙岸埠，抑擾稅務，有關洋務商務，必須將該船暫行遷移，將可查看情形設法保衛。嗣因該船延不遵移，稽將起下貨物非單停給該商，因之請領子口單，今華陀驗送照會侯英國駐京使臣威妥瑪，數示再因咨請臣衙門照會威妥瑪迅將該船移泊，以便稽覈前來。當經臣等與威妥瑪面商，迨威妥瑪回國

八六八 總理衙門奏折
出使英國大臣郭嵩燾辦理英商太古洋行躉船移泊案（光緒三年正月二十七日）

後與曾使臣傅磊斯往來函會伊世官議伏
思移船停岸其事似属細微惟指泊船隻定例
應歸關道管理若竟任其不遵移泊恐將各
洋商遂多阻撓難理道形掣肘查該關稅
務司係總稅務司赫德所派之人因邀赫德來
臣衙門與之商議據稱此案在中國相持不下
不如詳細告知出使英國大臣延請律師考覈
國總理衙門與之剖論較有把握旋經送到是
船全案漢文二本洋文一本繪圖十一紙業由
臣衙門附入文函寄交郭嵩燾查照相機請

八六八　總理衙門奏折

出使英國大臣郭嵩燾辦理英商太古洋行躉船移泊案(光緒三年正月二十七日)

旨飭下出使大臣郭嵩燾迅將此案始末情形詳細

閱看後即於英國總理衙門據理證斷毋稍

鬆勁以期早為結案理合恭錄來往照會

併附片具

奏請

旨

光緒三年正月二十七日軍機大臣奉

旨依議欽此

八六九　兩廣總督張樹聲奏折

澳門闈姓賭博情形

(光緒六年七月初七日)

奏

張樹聲奏

由察看闈姓請嚴禁投買

○

八月初一日

兩廣總督臣張樹聲

廣東巡撫臣裕寬跪

奏為遵

旨察看廣東闈姓情形請嚴禁投買以肅政体而杜

漏卮恭摺具陳仰祈

聖鑒事竊臣裕寬於光緒六年二月二十日承准軍機

大臣字寄光緒六年正月二十六日奉

上諭御史鍾孟鴻奏廣東闈姓流弊甚鉅請飭設法辦理各

八六九　兩廣總督張樹聲奏折

澳門闈姓賭博情形

（光緒六年七月初七日）

摺片等因欽此遵
旨寄信前來當經恭錄知照調任兩江總督臣劉坤一臣樹聲一
併欽遵臣樹聲到任後與臣裕寬悉心體察查澳門賭
風甲天下名目繁多至於不可勝紀惟闈姓一項其取義巧
其初誘也廣每闈諸聚賭之名而為害獨烈查同治
年間前督撫臣曾兩次奏明罰繳軍餉銀兩皆一時權宜
之計翻成賭館愈多流弊愈甚同治十三年御史
鄧承修始有禁抽闈姓賭款之請光緒元年
給事中黃槐森復有申明前禁之請至前
廣東撫臣張兆棟奏陳闈姓賭局已禁不宜
復開欽奉
諭旨將闈姓賭款嚴申禁令永遠裁革不准藉詞
復開以肅政體等因欽此仰見

八六九　兩廣總督張樹聲奏折

澳門闈姓賭博情形

（光緒六年七月初七日）

聖明洞徹鑒遠而垂戒將來者至深切也自是欽
派省城法網森嚴將徒無可潛蹤遂徙至香山
縣屬之澳門地方其地為葡萄牙洋人所居豺
狼窟聚斂之藪狐恃城社之固同流合污於
今五年據吳鴻源奏所稱明目張膽開設賭場
投買之人暗中傳遞皆係實在情形惟謂設
立闈姓於洋人紛涉其利其歸奸民詳加訪查尚
非盡實蓋葡萄牙國小而貧鮮貿易之利其在澳
門者藏逃庇匪無所不為所開闈姓館皆洋人
主之收什一之利歲入鉅萬有情頗以為資用
雖其中奸民托名或亦不免然非洋人說合
亦不能專其利也前數年擬禁投買皆由
渡船近以華船為官司稽查洋人設公司火船

八六九　兩廣總督張樹聲奏折

澳門闈姓賭博情形

（光緒六年七月初七日）

為之倚匯既未可登舟大索且尺一之限數寸
之薄掌握可資藏婦女亦堪懷挾攜帶甚便
搜偵亦非易屬危已成欲杜之於闈設之征稅
之於往來之途二者均不易行議者謂闈姓
罰銀前為成案棄雖款於為人又將假回以濟
外然卜萬富深究利害之故矣自古理財之辭
禁此為民曰義未為從民為化而可曰政者闈
姓之在澳門小民即趨之若鶩猶悖然為之知
犯法之為也若於四方城謀徵四對較公然誘取
有誰何必以時日盛而民日貧亦家蕩產之
後已發之於方今無形之患猶極辟之宗有好賭
之子弟畏父兄呵禁相率趨避於其鄰之家
父兄疾其鄰坐獲抽頭於子弟歸從其好而取

八六九 兩廣總督張樹聲奏折

澳門闈姓賭博情形

(光緒六年七月初七日)

其利斯大待智者而決其家之必敗也此其與

在省司道反復熟商闈姓雖在澳門買鬮

姓者皆在內地欲散其局莫如究辦自治欲查其

權莫如便民因廣東省各項賭博業經刑

部議准加重治罪自當恪遵

前旨申明禁令嚴查投買之人並將保甲亦宜妥為

奉諭飭並令紳士各自約束其宗族查察其

鄰里務期有犯必獲獲必懲但使文武官紳

實心實力不為勢撓計使不為異說所搖雖未

必即能禁止淨盡而少一人投買即留一分物力

積久不懈此風必可漸衰此風既衰盜風亦

可漸息且計為塞漏卮以除隱患計當在此而不

在彼至原奏所稱捐買出洋之一事現有核議定

八六九　兩廣總督張樹聲奏折

澳門闈姓賭博情形

（光緒六年七月初七日）

招工章程，即一併稽查，毋任蹈從前之弊，不變
者無庸另籌辦理，政有遵
旨妥爲澳門闈姓緣由，謹合詞恭摺覆陳，是否有當，
伏乞
皇太后
皇上聖鑒訓示。再，署撫臣裕寬現在江門，此次未經會
銜，合併聲明，謹
奏。

光緒六年八月四日軍機大臣奉
旨：知道了。該督撫當申明禁令，隨時認真查禁，力
挽頹風，不得以空言塞責。欽此。

七月初七日

八七〇　英國駐華參贊致總理衙門照會

粵海關三聯單試辦章程易生歧异礙難允行(光緒九年正月二十九日)

照會

HER
BRITANNICK

大英署理欽差駐劄中華便宜行事大臣頭等參贊格　為
照復事光緒八年十二月初三日接准
貴親王來文為粵海大關發給三聯單試辦章程一

事並附送抄單一紙等因前來本署大臣均經盡悉
旋派員於
貴署代達章程之内理應增改數處惟尚不奉
貴署酌復本署大臣碍難照章允行緻見願以此章
程式樣易生岐異之虞更不便轉飭照辦為此先行
照復

八七〇　英國駐華參贊致總理衙門照會
粤海關三聯單試辦章程易生歧异礙難允行(光緒九年正月二十九日)

貴親王查照可也為此照復須至照會者

右　照　會

大清欽命總理各國事務和碩恭親王

一千八百八十三年三月初八日

癸未年正月二十九日

HER BRITANNICK MAJESTY'S LEGATION IN CHINA

八七一　英國駐華大臣致總理衙門照會

廣州市民在租界内焚掠情形

(光緒九年九月初二日)

照會

HER

BRITANNICK

大英欽差駐劄中華便宜行事大臣巴　為

照會事本年八月初十日廣州莠民在租界内慘

肆焚掠案由諒必由粵省大吏詳細咨明矣溯查

八七一　英國駐華大臣致總理衙門照會　廣州市民在租界内焚掠情形
(光緒九年九月初二日)

是日寓居租界各國官民詎被滋事莠民執持旗
鎗等物羣肆攻擊不料該莠民等任性焚毁洋商
房屋搶掠洋人物件至數時之久而該處官兵毫
無前往保護之方乃至未刻左右始行督隊到場
本大臣行抵滬瀆驟聞重情立即傳發電音囑令
格署大臣就近將本大臣深爲惋惜之意轉致
總署

八七一　英國駐華大臣致總理衙門照會

廣州市民在租界内焚掠情形

(光緒九年九月初二日)

列位大臣並以

粤督應行保護英民財産性命及嚴禁將來之責

逐一敘明曾經署漢文正使禧於八月十八日赴

署向

周二位大臣遵爲陳述各在案當承

答以遽聞前項不測重情實亦同深惋惜至滋事

細情尚未據詳而嚴禁將來一節深可倚任

八七一　英國駐華大臣致總理衙門照會
廣州市民在租界內焚掠情形
(光緒九年九月初二日)

張制軍足有妥為彈壓之力各等語昨經接據廣
州署理領事官電詳內稱本年七月十二日英民
羅星在本口鎗斃華民一案本國
按察使司按察使所定罪名
張制軍大為不然並有擬罪輕縱輿情未服恐有
未能保護寓粵洋人被莠民擾害之語緣犯人羅
星之案在廣州審訊已於八月二十八日以非故

殺應監禁七年定讞何期
張制軍之分位如此枉行放言之彝本大臣於不
得已之中惟有照請
貴親王即由電音囑令
粵督斷不可因别案定讞不服之故致枉分所應
為之責因思保護境内一切洋人財産性命及約
束屬民肆行妄為之事實屬大吏任内之責想在

八七一　英國駐華大臣致總理衙門照會

廣州市民在租界内焚掠情形

(光緒九年九月初二日)

洞鑒之中無事贅敘而此責如有未盡之處自恐
難免有累於
國政公款並與
貴國似必講求款睦各國友誼之道實有所傷也
為此照會須至照會者
右　照　會

HER B… NNICK MAJESTY'S LEGATION IN CHINA

八七一　英國駐華大臣致總理衙門照會
廣州市民在租界内焚掠情形
(光緒九年九月初二日)

大清欽命總理各國事務和碩恭親王

一千八百八十三年十月初二日

癸未年九月初二日

八七二　英國駐華大臣致總理衙門照會

葡人在廣州踢傷華人落水淹斃
(光緒九年九月十一日)

照會

大英欽差駐劄中華便宜行事大臣巴　為
照復事本年九月初三日接准
貴親王來文內開大西洋人於八月初十日在廣

八七二　英國駐華大臣致總理衙門照會

葡人在廣州踢傷華人落水淹斃
（光緒九年九月十一日）

州口岸踢傷華人落水淹斃一案兹接兩廣總督
電信内稱英領事官不肯訊問將該大西洋人轉
發其國官員收辦等因囑即迅飭領事官照約會
同地方官將該犯秉公訊辦等語查該大西洋水
手既非英民本國駐粵領事原無將其審問之權
事雖如此然亦非不能將其傳訊蓋據領事官來詳
大西洋官員已向

八七二 英國駐華大臣致總理衙門照會
葡人在廣州踢傷華人落水淹斃
(光緒九年九月十一日)

粵督言明情願將該水手在廣州口岸會同地方
官先行審問後解往澳門再為訊斷復查該水手
既在英船傭工且所稱犯人命之事又在英船
按照萬國公法亦可在於英屬之香港地方就近
審辦若
大西洋暨
貴國官員意見相符亦可送往照辦以上各節乃

係英例所指之法而審辦案犯之舉只能照此而
行决非
來文所云致令該犯遠颺之意且香港澳門兩處
相離廣州究屬非遥也
來文又稱該犯人本係英公司傭工應由該公司
之主人管束等語惟思本大臣設謂淹斃之華人
應由該管地方官管束其理亦屬相類因聞啟衅

之由即是該華人擅行登船被逐所致至於因此
事致激出沙面聚眾焚搶之案情有可原及未能
彈壓此等莠民妄行滋事之咎不歸地方官各論
尤非情理之至當也為此照復須至照會者

右　照　會

大清欽命總理各國事務和碩恭親王

八七二　英國駐華大臣致總理衙門照會　葡人在廣州踢傷華人落水淹斃

（光緒九年九月十一日）

一千八百八十三年十月十一日

癸未年九月十一日

八七三　英國駐華大臣致總理衙門照會

廣州英民房屋物件被市民拆毁搶掠一案請設法飭查賠補(光緒九年十一月十二日)

照會

大英欽差駐劄中華便宜行事大臣巴　為

照會事。溯查本年八月初十日駐居廣州沙面界

內本國商民人等房屋物件詎被莠民拆毀搶掠

一案，前據駐粵領事官於九月二十二日來詳附

送該商民等呈遞各自失單通共三十七紙總計
估值已在洋銀十八萬八千七百二十五元三角
五毫之數除經照會
粵省部堂查照外合行詳請核辦前來本大臣查
以上被灾商民人等其中小有資本者實爲不少
未免重受其累又有蕩析離居尋覔暫棲之所及
停止貿易者非但耗費多資尤形苦困之甚似此

八七三　英國駐華大臣致總理衙門照會
廣州英民房屋物件被市民拆毁搶掠一案請設法飭查賠補(光緒九年十一月十二日)

情節惟有催請
貴親王速行設法將所呈各項失單早日
飭查施行以便即日完結為要至賠項擬補延遲
自必按日加息之處諒在
洞鑒之中無庸贅敘也為此照會須至照會者
右　照　會
大清欽命總理各國事務和碩恭親王

八七三　英國駐華大臣致總理衙門照會

廣州英民房屋物件被市民拆毀搶掠一案請設法飭查賠補(光緒九年十一月十二日)

一千八百八十三年　十二月　十一日

癸未年　十一月　十二日

八七四　英國駐華大臣致總理衙門照會

請飭閩省賠補香港輪船被搶之損失
（光緒九年十一月二十八日）

照會

HER BRIT[illegible]NICK MA[illegible]Y'S [illegible]A

大英欽差駐劄中華便宜行事大臣巴　為

照會事叅查光緒八年六月二十四日英國香港

輪船在福建海壇島地方觸礁失事一案該處人

八七四　英國駐華大臣致總理衙門照會
請飭閩省賠補香港輪船被搶之損失
（光緒九年十一月二十八日）

民並不遵循教化國例激發惻隱之心前往救護
反致聚衆至二三千之多乘坐小船手持器械圍
攏失事船隻攆逐船上人等將貨物搶掠一空後
即放火焚毁其搶掠情形曾經
前署大臣格　於光緒八年八月十七日備文詳
細照會旋因

貴國未克追究賍犯　格署大臣無可如何惟有
據情詳咨本國酌奪去後九年八月十六日准本
國咨復以
貴國未能按照條約第十九款妥盡明指保護之
責並未拏獲搶掠貨物之人亦未曾寔力追賍在
本國

秉政大臣視之寔屬有違約章理宜向索照數賠
償之款及嚴究搶掠之人囑爲轉達等因照會
各在案八月二十四日准
貴署復文以英國船隻在中國轄下海洋有被
强盜搶劫者約内並無賠償之條而此次閩省地
方官已經兩次起贓給還原主本衙門應再行知

閩省大吏嚴飭地方員弁迅將搶掠各犯務獲
究辦各等因亦在案迨九月十五日本大臣前赴
貴署時復與
列位大臣明晰面陳復文内所稱各節本國定不
視爲恰當並云中國轄下海洋遇有本地人民搶
劫之案

八七四　英國駐華大臣致總理衙門照會　請飭閩省賠補香港輪船被搶之損失（光緒九年十一月二十八日）

貴國寔有難辭之責原因持械搶劫之事寔非尋
常竊盜可比而此等劫案所出究由地方官未能
盡其應行除莠安良之責而起復以近年別國嘗
有被搶船隻向討已賠之款各等語茲承我國咨
囑搶掠香港輪船貨物人犯既非行蹤不定之海

八七四　英國駐華大臣致總理衙門照會
請飭閩省賠補香港輪船被搶之損失
(光緒九年十一月二十八日)

寇乃係沿海有家之居民衆所共知而地方官延
不查拏又未追出易獲重贓延宕[illegible]命久未辦結
尤覺詫異之至似此違約之舉責有攸歸而事
主受損各款既屬明應賠補勢不得不援他國討
賠之例取償務望
貴署轉飭迅為照賠等因前來查香港輪船失單

八七四　英國駐華大臣致總理衙門照會

請飭閩省賠補香港輪船被搶之損失
(光緒九年十一月二十八日)

總數已由　格署大臣於本年八月十六日照會
內附呈矣相應再行備文仍請
查照前文如數飭賠是為至要為此照會須至照
會者
右　　　照　　　會
大清欽命總理各國事務和碩恭親王

八七四　英國駐華大臣致總理衙門照會

請飭閩省賠補香港輪船被搶之損失

(光緒九年十一月二十八日)

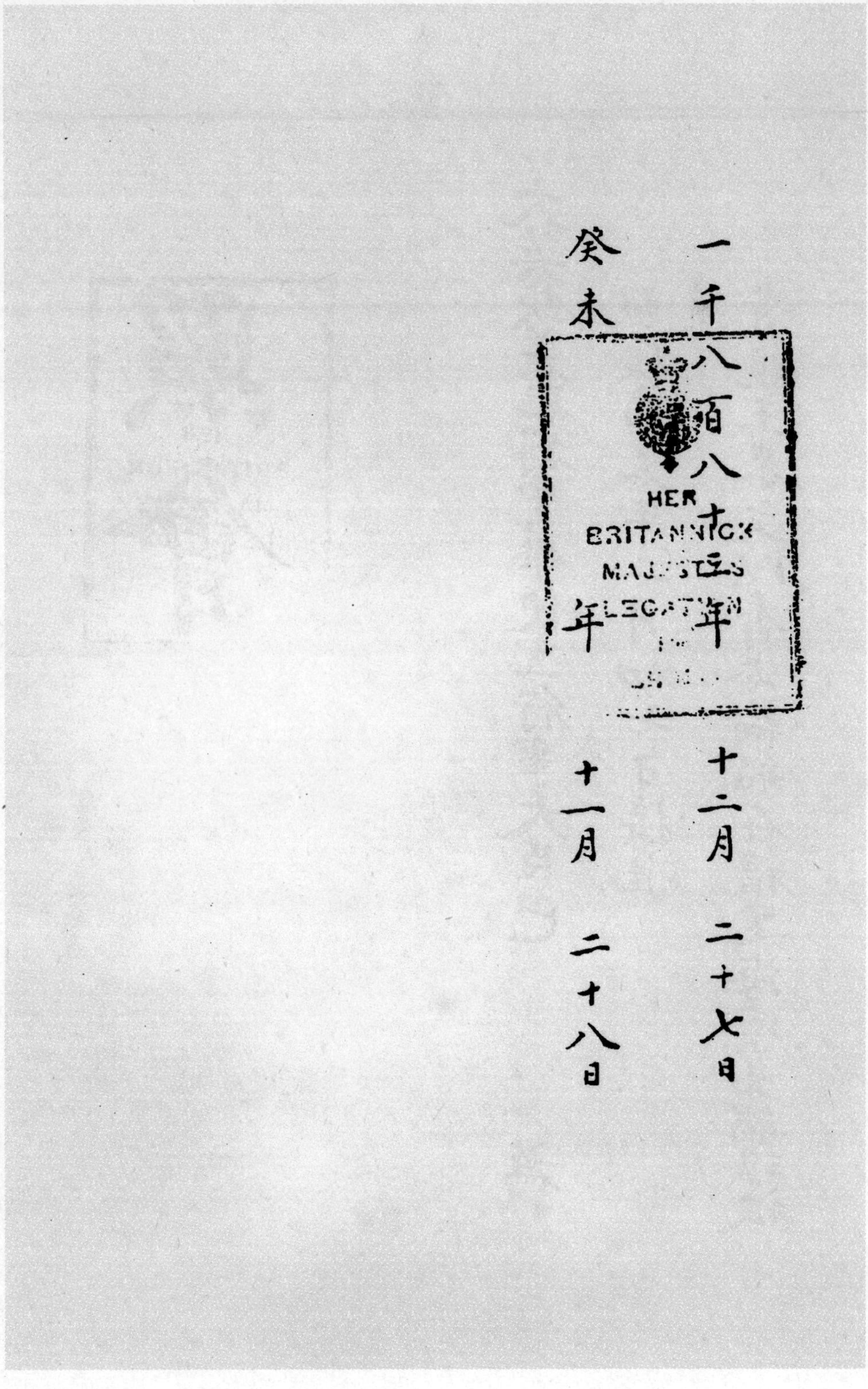

一千八百八十三年十二月二十七日

癸未年十一月二十八日

八七五　英國駐華大臣致總理衙門照會
擬與總署大臣細查香港輪船被搶一事(光緒十年三月初十日)

照會

HER
BRITANNICK

大英欽差駐劄中華便宜行事大臣巴　為
照復事本年二月初七日接准
貴親王來文以香港輪船在福建海壇島觸礁被

八七五　英國駐華大臣致總理衙門照會
擬與總署大臣細查香港輪船被搶一事(光緒十年三月初十日)

搶一案内稱此案自應由閩省官員與領事官
就近商議較易了結擬飭通商局與領事官持
平商定等因溯查光緒八年六月間該船擱淺被
搶當時駐福州英領事於數月之中曾與福建官
員商議或追緝白晝被數百華民搶去貨物或賠
償被搶貨物價值而該省官員未肯照辦以迄於

八七五 英國駐華大臣致總理衙門照會

擬與總署大臣細查香港輪船被搶一事(光緒十年三月初十日)

今貨物既未起獲價值亦未賠償而行刼之數百華民更未見弋獲按律治罪竊思刻下若非貴署預將此案了結辦法詳細行文閩省轉飭局員本大臣亦一面預將此案了結辦法詳細札飭領事官會同局員商酌辦理結案不然僅空將此案交付局員與領事官商議辦理實在毫

八七五　英國駐華大臣致總理衙門照會　擬與總署大臣細查香港輪船被搶一事（光緒十年三月初十日）

無裨益
來文欲本大臣照行惟有先期請
貴署大臣彼此面商酌定分别詳細札飭之處查
此案幾經兩載本館屢次行文催請兩
貴署總以俟閲省詳細查復爲言是此案緊要情
節想

八七五　英國駐華大臣致總理衙門照會

擬與總署大臣細查香港輪船被搶一事(光緒十年三月初十日)

貴署已由閩省詳復而知本大臣亦由英領事官
詳報而知現擬特請
貴署一位大臣與本大臣細檢此案先後文內情
形則
貴親王即可詳細咨行閩省如何將此案妥為早
日了結為此照復須至照會者

HER
BRITANNIC
MAJESTY'S
LEGATION
IN

八七五　英國駐華大臣致總理衙門照會

擬與總署大臣細查香港輪船被搶一事(光緒十年三月初十日)

右　照　會

大清欽命總理各國事務和碩恭親王

一千八百八十四年四月初五日

甲申年三月初十日

HER BRITANNIC MAJESTY'S LEGATION IN CHINA

八七六　英國駐華大臣致總理衙門照會

欠英商太古洋行款項之華商逃走請準以其產業押抵(光緒十年五月二十日)

照會

大英欽差駐劄中華便宜行事大臣巴　為
照會事現據本國駐汕頭領事官費詳報光緒八
年五月二十七日英商太古洋行借與華商永成

八七六　英國駐華大臣致總理衙門照會　欠英商太古洋行款項之華商逃走請準以其產業押抵(光緒十年五月二十日)

發行主郭潤庭郭紫垣二人洋銀壹萬五千元當下言明此現借之項與前欠之項統以地契一張作押交與太古洋行收存旋於光緒九年四月間華商郭潤庭郭紫垣二人一同逃走查該華商除用契押借太古行洋銀壹萬五千元之外尚有前欠三萬五千元之多緣此太古行稟請本國駐汕

八七六　英國駐華大臣致總理衙門照會
欠英商太古洋行款項之華商逃走請準以其產業押抵(光緒十年五月二十日)

領事官轉請彭道設法將華商所押產業歸還該行抵欠款彭道復以似此須俟拏獲郭潤庭等到案後方能辦理由是領事與巡道彼此文信往返十月之久始據巡道允以所押產業權歸該英行收管待逃走之郭潤庭等或被獲到案或自回汕頭始能議及折抵等事本大臣詳推彼此文卷疑

八七六 英國駐華大臣致總理衙門照會 欠英商太古洋行款項之華商逃走請準以其產業押抵(光緒十年五月二十日)

郭潤庭等匪特不肯自回汕頭恐亦無從拏獲
貴署閲此照鈔文義當必以為然也惟太古洋行
因華商郭潤庭以地契作押方肯借與銀項倘華
商不償銀項即將產業歸還洋行任意折用今該
華商既逃走經年未見到案若令債主再俟拏獲
時方能辦理於情理殊多未當本大臣惟盼

八七六　英國駐華大臣致總理衙門照會
欠英商太古洋行款項之華商逃走請準以其産業押抵(光緒十年五月二十日)

貴郡王咨催粤省
轉飭惠潮嘉道先准該英行所請早日將産業着
實歸還太古洋行任意折用先作抵現欠之數其
餘欠項請查該華商郭潤庭等倘别有存款自可
提來歸還洋行欠項也爲此照會須至照會者

右　照　會

附粘

附件 惠潮嘉道與英領事官往來文件抄單（光緒十年五月二十日）

大清欽命總理各國事務郡王銜多羅貝勒奕

一千八百八十四年六月十三日

甲申年五月二十日

抄録照會惠潮嘉道彭

大英欽命駐劄台灣正領事官調任潮州等處辦理通商事務領事官費為

照會事現據太古英行遞呈借銀英文憑單一紙内係永成發

行與太古行借来壹萬五千元郭潤庭擔保交太古行地契一
張存照等情據此應將該借单抄録譯文連同地契抄録照送
貴道閱看請將該契所税之產業查封以後查郭潤庭之案
時請即將此產業歸還太古行俾償壹萬五千元之數又
據太古行稟稱郭潤庭郭紫垣賣出去新架坡之客单尚欠
本行銀叁萬伍千元等情
貴道曾否記得面晤時本領事官曾將太古行借銀壹萬五
千元得郭潤庭產業契為據當時
貴道云此欠項定須查明須至照會者
計附憑单抄録連譯文並抄録地契一張共三紙

附件　惠潮嘉道與英領事官往來文件抄單（光緒十年五月二十日）

右　　照　　會

大清欽命廣東分巡惠潮嘉兵備道彭

一千八百八十三年五月十四日
光緒九年四月初九日照會

譯出借銀滙單

具借約字人永成發行今在太古英行借出銀壹萬五千
元每年每百元貼利息六元初次還銀應於西歷本年十二
月卅一日嗣後每年俱以是月為準到西歷一千八百八十七年
十二月卅一日本利清還
西歷一千八百八十二年七月十二日即光緒八年五月二十七

日立憑单人永成發行

具擔保人郭潤庭將地契一張交太古行如永成發行日

後不還此銀為郭潤庭自己或後裔賠還

繙譯太古行與永成發行所立合同開列於左

一議現另立合同緣先所立之合同係英一千八百八十一年十二月三十一日至一千八百八十二年十二月三十日止經已完了現由一千八百八十三年正月初一日起至一千八百八十七年十二月三十日止共五年由汕頭到新架波檳榔嶼運貨物搭人客之合同

二往新架波檳榔嶼各色人客都由永成發行招來除非在新架波檳榔嶼領單搭船

三搭客價錢應該隨時按賣價定議每次要抽十分之一

四運貨物水脚須由太古行自主凡貨物如係由永成發行招来每水脚百元給與五元

五或貨物水脚或人客水脚在汕頭亦可付在新架波亦可付均聽永成發之便惟輪船由汕開行至遲限兩個月所有水脚均要付清

六凡人客及貨物水脚為永成發行是問除来在新架波梹榔嶼别人招来者與永成發行無涉

七凡人客搭船所有食飲均係該船共應

八凡人客每百人有頭目兩人該頭目毋庸水脚

九該永成發行除代太古行招貨物人客外不能代別行另招如

太古准便可

十此合同兩邊均要遵守如有不遵即罰一萬五千元給與遵

合同者以上所立合同經着人剖晰與永成發知悉此合同

係郭阿福担保畫押蓋用永成發行圖書又係太古行

畫押蓋印

抄錄郭永基堂紅契

立遵給自填築海坪地契人郭永基堂前經　憲主示諭着

令該埠將所填之地遵照一律立契投稅今將所置榮記之

地周圍橫、直量丈共壹百丈坐落澄海屬沙汕頭埠土名內
塢去處今因蓋建瓦屋一連三進每計五十三吉並兩畔從
瓦屋茲用杉木灰工料銀五百兩正遵諭立契投稅以憑管
業存據

計開　東至李家屋　南至街路
　　　西至福合地　北至水溝

光緒元年十二月　　立投稅契人郭永基堂

契尾　計開

業户郭永基堂買受　都　圖　甲户丁榮記　地　坐
落土名內塢等處該稅〇頃〇拾壹畝圍分價銀五百兩
正該稅契銀壹拾五兩正科場銀五兩正

布須早字叁拾叁號業戶郭永基堂准此

光緒二年　月　日給

抄錄惠潮嘉道彭照復

大清欽命署理廣東分巡惠潮嘉兵備道候補道彭　為

照復事現准

貴領事官照會內開據太古英行遞呈借銀英文憑單一紙

內係光緒八年五月二十七日永成發行與太古行借來正

銀一萬五千元郭潤庭擔保交太古行地契一張存照等情

據此前來應將該借單抄錄譯文連該地契抄錄照送貴道

閱看請將該契所稅之產業查封以後查郭潤庭之案時請

即將此產業歸還太古行俾償一萬五千元之數又據太古
行禀稱郭潤庭郭紫垣賣出去新架波之宗單尚欠本行銀
三萬五千元等情貴道曾否記得面晤時本領事官曾將太
古行借銀一萬五千元得郭潤庭產業爲據當時貴道云
此欠項定須查明等因並附抄錄總單連譯文並抄錄地契
一張共三紙到道准此查郭潤庭即郭繼榮業已逃匿其借欠
太古洋行銀兩請將產業封償應俟緝獲郭潤庭到案再行
核辦除札澄海縣查照外合先照復
貴領事查照須至照會者

右　　照　　　　　　會

大英欽命駐劄台灣正領事官調任潮州等處辦理通商事務領事官費

光緒九年四月廿日

抄録照會惠潮嘉道彭

大英欽命駐劄台灣正領事官調任潮州等處辦理通商事務領事官費　　　為

照會事本年四月廿日准

貴道照復内開郭潤庭欠太古英行一案應俟緝獲郭潤庭到

案再行核辦等因查恐永遠亦未能緝獲

貴道之辦法似屬未便請煩飭令將該房間々交與太古行以

附件　惠潮嘉道與英領事官往來文件抄單（光緒十年五月二十日）

便銷案為此照會
貴道請煩查照施行須至照會者
右　照　會
大清欽命廣東分巡惠潮嘉兵備道彭
一千八百八十三　六　月　十八　日照會
光緒　九年　五　月　十四　日

抄錄惠潮嘉道彭照復
大清欽命署理廣東分巡惠潮嘉兵備道候補道彭　為
照復事現准

HER BRITANNIC MAJESTY'S LEGATION IN CHINA

貴領事照會以郭潤庭欠太古英行一案恐永遠未能緝獲
請飭將該房間交與太古行以便銷案等由到道據此查屋
地以業主爲憑本案郭潤庭有意逃匿則一日未獲該管
地方官實難核辦想
貴領事與本道同辦中外事件一秉至公不能據一面之詞
致異日諸多膠轕除札澄海縣上緊緝獲郭潤庭訊追外合
先照復
貴領事請煩查照施行須至照會者

右　照　會

大英欽命駐劄台灣正領事官調任潮州等處辦理通商事務領事官費

附件　惠潮嘉道與英領事官往來文件抄單　(光緒十年五月二十日)

抄錄照會惠潮嘉道張
大英欽命駐劄台灣正領事官調任潮州等處辦理通商事務領事官費　為
照會事現據太古行洋商稟稱商因永成發號郭潤庭郭紫垣
兄弟把欠商銀將產業抵押為據迄今為日已久並未見將產
業交付商於十月廿七日具稟大憲在案嗣後未蒙地方官
定在如何辦理究竟未知何日始能辦結商擬候至明歲二月初
間倘地方官仍舊不能了結屆時只可懇求大憲稟知
欽差大臣照會

光緒九年五月二十八日

附件 惠潮嘉道與英領事官往來文件抄單(光緒十年五月二十日)

總理衙門核奪等情據此本領事以此案前在郡時與
貴道面商因知
貴道辦理此案諸多難處第為日經久倘實須如何辦理無
妨明白示悉以使知
貴道意見所在緣案内之人即使再候數年亦未必敢返汕
頭所以必得將欠該商之銀早日辦有着落以免該商受累
茲將郭潤庭兄弟所欠該商銀除壹萬五千元以外其餘該
商開一明白細帳茲繕譯附送
貴道閲看便知底細也並希費
神望切速即施行為盼須至照會者

附件　惠潮嘉道與英領事官往來文件抄單（光緒十年五月二十日）

計附送繙譯帳单一紙

右　照　會

大清欽加塩運使銜廣東分巡惠潮嘉兵備道張

一千八百八十四年正月十八日
光緒九年十二月廿一日照會

繙譯太古行與永成發行來往數目

光緒八年九月十四日藍煙筒火船吔𠹌到新架波欠搭客水

脚銀一千三百三十元

九月二十七日美勒裡士火船到新架波欠水脚貨物銀二

千七百五十六元六毫二（此条均係人客水脚 以下十条亦有貨物在內）

十月十九日吔士多火船到新架波欠銀三千二百九十元零

六仙士
十一月初二日你尔的士火船到新架波欠銀二千七百零
八元零一仙士
十二月十二日士點多火船到新架波欠銀一千四百十三元
二毫一
十二月二十五日格哈格士火船到新架波欠銀一千二百
五十五元九角四
正月二十七日安佳士火船到新架波欠銀二千三百五十
五元八毫五
二月十二日吡勝火船到新架波欠銀五千零三十九元三

毫九
二月十八日求賽火船到新架波欠銀四千一百四十四元三
毫五
三月初一日帶阿明火船到新架波欠銀三千九百九十一元
二毫六
三月十四日美勒裡士火船到新架波欠銀三千四百二十元五
毫九
合共欠銀三萬一千七百零八元二毫八
光緒八年十一月二十二日還来銀二千元
光緒九年正月初九日收来三十日限新架波限單四千八

十七元六毫九

除來外尚欠銀二萬五千六百二十元五毫九

BRIT
MA
LE
CH

抄錄惠潮嘉道張照復

大清欽加鹽運使銜廣東分巡惠潮嘉兵備道兼管水利驛務張 為

照復事光緒九年十二月二十三日准

HER
BRITANNICK
MAJESTY'S
LEGATION
IN
CHINA

貴領事照會內開現據太古行洋商稟稱商因承成發號郭潤庭郭紫垣兄弟拖欠商銀將產業抵押為據迄今為日已久並未見將產業交付商於十月二十七日具稟大憲在案嗣後未蒙地方官定在如何辦理究竟未知何日始能辦結商擬候至明歲二月初間倘地方官仍舊不能了結屆時只可懇求大憲稟知駐京

欽差大臣照會

總理衙門核奪等情據此本領事以此案前在郡時與貴道面商因知貴道辦理此案諸多難處第為日經久倘定須如何辦理無妨明白示悉以便知貴道意見所在係案內之人

即使再候數年亦未必敢返汕頭所以必得將欠該商之銀
早日辦有着落以免該商受累茲將郭潤庭兄弟所欠該商
銀除壹萬五千元之外其餘該商明白開一細帳茲繙譯附
送過道閲看便知底細也並希貴神望切速即施行爲盼計
附繙譯帳单一紙内開總數合共欠銀三萬一千七百零八
元二毫八除来外尚欠銀二萬五千六百二十元五毫九等
由准此查此案前接
貴領事来函以英商太古行被華民郭潤庭借去銀三萬餘元
將自住之房屋印契一張作按照請查封備抵未知作何辦
理囑爲函復當經本道以前次

貴領事面交清單上粘浮簽於一萬五千元之外又提及客單
一款除還外寔欠銀二萬五千六百二十元合兩款計算共
應欠銀四萬零六百二十元核與並開三萬餘元數目不符其
中顯有外錯且查客單之銀係郭潤庭郭紫垣二人同欠該二
人果否一家共爨應否由郭潤庭一人歸還共須分別追償
所按屋契估值時價能否足抵該兩款欠借之數並請
貴領事查明照會在案茲查来文僅聲明郭潤庭兄弟所欠
該商銀數本道現經核算寔共欠銀四萬零六百二十元有奇
是前並所開三萬餘元數目果屬外錯因思此項欠帳本道
前並業已言明郭姓是否無力籌還情願將住屋抵償抑願

附件　惠潮嘉道與英領事官往來文件抄單（光緒十年五月二十日）

措備現銀歸款贖回屋契以及郭紫垣同欠之款如何着追
總須欠戶到案查問明確方能分別追抵現在郭潤庭即郭
繼榮匿不同汕曾麟洋行為合同一事思欲獨抵郭姓產業
本道與德國司副領事迭次照會再三辯論不允獨抵原為
郭潤庭欠英商及華商債項甚多必須勻攤分抵方昭公允
所以至今尚未定議如果郭潤庭與郭紫垣係分居各爨弟
兄則客單銀兩應由該二人分還倘係同居共爨尚可看落
郭潤庭一人追償究竟郭潤庭與郭紫垣是否同居共爨此項
客單銀兩應否着落郭潤庭一人追償抑應該二人分還郭
潤庭所按屋契按照時價估值能否足抵四萬零六百二十九

零之數来文均未叙明無從查核應請
貴領事先行飭查明確詳細照復俻查至應如何抵償之處
須俟魯麟行合同事議定乃能核辦同係欠債抵産一了百了
不能辦理兩歧本道因司副領事偏執不允碍難措辦以致
欲速不能但在太古行有屋可抵斷不至於落空寔無所謂
受累也合行照復為此照會
貴領事希為查照施行須至照會者
右　照　會
大英欽命駐劄台灣正領事官調任潮州等處辦理通商事務領事官費
光緒十年正月三十日

八七七　英國駐華大臣致總理衙門照會

廣州沙面英人房屋被毀一案賠款事宜(光緒十年閏五月二十七日)

照會

大英欽差駐劄中華便宜行事大臣巴　為

照復事本年閏五月二十日准

貴王貝勒大臣來文照復廣東沙面案內賠款

之事本大臣查欲了結此案固不在往來文件
徒積贅語之中然
來文内有數節不能不再爲置論者以便爲立
案之據
來文云羅近罪名一事仍須
奏明請
旨一節查去歲美國人民於上海悮斃華民其所獲

之罪較羅近所獲之罪輕至七分之一諒必已
由
貴署
奏明請
旨是羅近所定罪名公平允當之處亦在
聖明洞鑒之中殺人者抵獨係
貴國常例在他國視之均謂寔爲喺刻不公而

八七七　英國駐華大臣致總理衙門照會

廣州沙面英人房屋被毁一案賠款事宜(光緒十年閏五月二十七日)

英國讞獄未能為中國常例所束縛又
来文云本國允給幼孩親属撫卹銀元一事尚
未議准查此事已由本年五月二十五日文内
詳細聲明並無剩義此項撫卹乃係本國一派
美意
貴國受與不受是在尊便本大臣實無從再為
陳説矣

八七七　英國駐華大臣致總理衙門照會　廣州沙面英人房屋被毁一案賠款事宜(光緒十年閏五月二十七日)

来文云西洋人代阿思在本國船上傭工並非
與本國毫無干涉云云查此語屢經
貴署言及本大臣每每答以犯罪者如係華人
在英國船上
貴國肯否俾英國刑司將其審明正法終未承
示復
来文所敘面談代阿思在澳門審辦一節本大

臣均曾記憶至大西洋國審案辦法英國寔不
能過問此語或面談或文件迭經提到本大臣
迄今亦能記憶以此自明之理
貴王貝勒大臣始終未能了然寔不可解本年
五月十四日面談此事之後訪聞
兩廣督部堂與
澳門總督早曾往返函商代阿思一案而四個

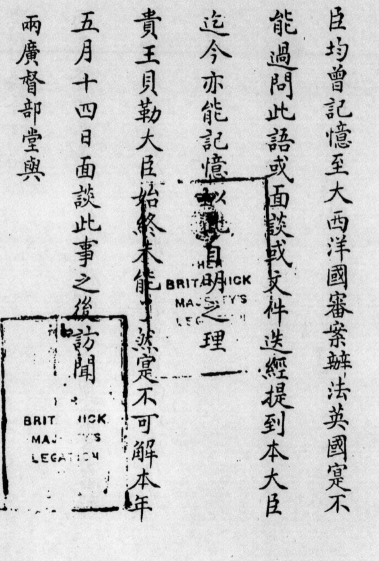

月之前曾由
澳門總督照知
兩廣督部堂雖未能將代阿思交與華員審辦
必由澳門西洋刑司將其持平審斷以成信讞
等語再
来文云償款一節本衙門上年已與
各國大臣議有公斷辦法因貴大臣一人未允

云云此語殊多不符查去年十月間曾經
貴署與
德英美法四國大臣酌議斷法旋因
貴署必欲使令擬派審定失物價值之員兼辦
命案兩件因是中止往返商酌在案文函内其
終有上年十月二十七日
四國大臣照復一件内開欲查明沙面一案由

八七七　英國駐華大臣致總理衙門照會 廣州沙面英人房屋被毀一案賠款事宜(光緒十年閏五月二十七日)

何起衅則與本大臣等公共之事寔屬無干故
於與
貴國派人為查明滋事原由一節本大臣等不
能照允蓋此案所應共預者惟在滋事時所焚
失各洋人房屋物件若干耳甚可惜
貴國既於此事出有最妥之籌畫嗣後添出一
層以致本大臣等不能允為商辦等語細閱以

上所引文件語句與
來文所稱因本大臣一人未允之說寔為相背
而與
貴國獨不允四國議擬辦法之處頗為脗合彼
時本大臣因事外出而
前署大臣格　與
各國大臣同意同心本大臣毫無與其事比及

返華此事早經罷議且
貴署並未將此事向本大臣提及本大臣亦未
向
貴署著議而
貴王貝勒大臣竟以因一人不允
貴署暨各國已定斷法之言載在公文加諸本
大臣之身矣除將

来文譯錄咨送本國查閲俾知始終
貴國如何先後盡藉無端之詞諉謝沙面案内
賠款外理合備文照復
貴王貝勒大臣查照可也須至照會者

右　照　會

大清欽命總理各國事務王貝勒大臣

八七七　英國駐華大臣致總理衙門照會

廣州沙面英人房屋被毀一案賠款事宜(光緒十年閏五月二十七日)

一千八百八十四年七月十九日

甲申年閏五月二十七日

HER
BRITANNICK

八七八 兩廣總督張之洞奉上諭

著體察廣東省城及澳門闈姓賭博情形妥議具奏(光緒十年九月初八日)

二万七十五七

軍機大臣 字寄

兩廣總督張 廣東巡撫倪 光緒十年九月

初八日奉

上諭翰林院代遞檢討潘仕釗奏變通挽回鉅款一摺廣東闈姓賭局嘗經申禁茲據該檢討奏稱澳門開設闈姓公司利歸他族現在海防需餉請飭體察情形能否將澳門闈姓嚴禁抑或將省城闈姓弛禁等語著張之洞倪文蔚妥議具奏至所稱副將彭玉影同奸民何貴等私收闈姓各節並著確切查明究辦原摺均著抄給閱看將此各諭令知之欽此遵

旨寄信前來

八七九　兩廣總督張之洞奏折

洋商伙串華商漏稅請禁

（光緒十二年三月二十四日）

摺

奏　臣張之洞　洋商夥串華民包漏私貨請飭禁由

○另抄交總署

四月二十八

兩廣總督臣張之洞跪

奏為洋商夥串華民假冒洋行包運私貨慣漏

不報，迭經查有確據，恐事後扣封仍徇庇，請

旨飭令總理衙門照約禁止，恭摺仰祈

聖鑒事。竊惟廣東華洋錯處，何止數萬人……

透漏稅之事近來多有熟悉稅洋人句串內地莠民聯同走私漁利歷年課餉深受其累緣以係令不隸局弁帶同番男兩名密行訪查並由局僱用洋人謝百仕潛為耳目探緝獲去冬十二月查獲省城河南地方有假洋行六家均係華民所開託名洋人以便走私包攬一名范亞叶又名[illegible]九世黑即潘哥鈔人崔七所開一名祥士即順德國人鍾錫山所開一名羅佐一名洪以觀一名四百利一名潘粤尚未查離華民行主為何人其洋號一名聞洲未覓據眾即於二月十二

八七九　兩廣總督張之洞奏折

洋商伙串華商漏税請禁

（光緒十二年三月二十四日）

日據稅務局親寫稟狀以伊名干預販私之
事又出叶一名經華人謝可仕查察與華人所
立洋字合同僱約受雇包攬之狀於有十一
日據局稟請以同名免與丁往洋關即出
叶行送有煙土六箱到門知事收處該土來遞繳
至康士行經謝可仕搬出煙土多件計共綠煙
土二百七十四件華人誠該行雇之華人二名可提
到中國警懷等歷年走私出記名誌於搬該雇
工供稱陳上寫係受雇於為鍾祥山收私貨
實等語詢係查辦雇七錢祥山二名將該行等

八七九　兩廣總督張之洞奏折

洋商伙串華商漏稅請禁
(光緒十二年三月二十四日)

查出入收逕丟業係事整飭以華船代未嘗丟
請原訊諸係以華洋兩造到案委員會同譯擬
事訊問為難堅不遵還不料洋人律士與辦不任
其對質供証雖盡屬的係色攬律士又請狀
伊來者竟因斷案洋狀師竟不安詢知屢屢不肯
代質律士始願出臨狀息事所彰例洋行盡控
難以案既係華商偽以冒充撥請撤封於還稅款元
經西商因此以華行控作洋行之實據也又於二十
十八日經承充商人王某供查照原讞順序議具
山運來之所不爆竹一百箱係內地利船裝運

八七九　兩廣總督張之洞奏折

洋商伙串華商漏稅請禁

(光緒十二年三月二十四日)

並無洋船板，查洋人在船蔡顧出干韓
但照會內開係英商德喇吉之物，當查炮竹係土
貨，產於佛山內地，英商未領單照，應免在華商
錄報運貨不應偷漏，該洋人係進口並不控辦
當經臣以電屬飭關情節，經訊該洋商詞托狡
情飭，飭總稅務司赫德商傳究，追彼
寬限准將士東惠標謝文於五月十七日期剋矣
關
人謝丹仕在關廟進來一呈，已事前詢懂告
下河南引單去私洋藥八十件，查其以免驗須
納票文，謂係印度商法律嘉，約自己漏，此收稅

八七九　兩廣總督張之洞奏折

洋商伙串華商漏税請禁

(光緒十二年三月二十四日)

以四五條鍾擬運西洋行路被誘拏去此案
是否甘心私送以彼誘地實何利為憑治罪
洋行在河南地方名西南記洋行與海關西廠相對
甚由輪船馬頭起貨西行晉閩廠將渡徑
至南岸片刻可到乃懷此運土之艇沿流東下以色誤
行渡口一里餘走至海錢寺穿東上至花渡輪向
柱來剋到商所時起貨海關內側西五鐘收關
業完稅後即行西行何至距尺河西行至三
五鐘不久以致成剋當走下流近東數里
游行當係已攬華貨偷漏釐金而其形蹟

八七九　兩廣總督張之洞奏折

洋商伙串華商漏稅請禁

（光緒十二年三月二十四日）

光陰使接兩廣神訊樓德蓋同等來証所云
人艇戶冒璉供忽去該艇李元搖麻根綁架云
在南統行尾已焚一空又供稱被綁之時潮水
已乾其證覆五月十六日伊與羊併計已過足實
係戊刻且衆供[illegible]自戊後[illegible]時天色將晉到岸報為
時街鼓已交二更城內更鼓向來獲十分或[illegible]
神香正是戊刻衆証雖聲法德查所言認[illegible]
時刻均屬舛錯不符當神訊之際銀局來函
請將前說往來照會詳錯數目照行彼造之函
之供詞既及傷該為但執神供原詞再訊其[illegible]

八七九　兩廣總督張之洞奏折　洋商伙串華商漏稅請禁

（光緒十二年三月二十四日）

匿不到案另換一艘之名照舊作為華艇迴
夷眾耳目皆知原船印照另業之來歷照字之
金利源之後添出案內之印度六和蘭治者
經並所陳華商貨單係洋法嘉之貨且稅單根查
港被逢時和係屬亦初定之辯稅查核香港
貨單上寫加花旗寶翁並無布花洋行及法
德嘉之名有港電報兩者洋人之票富宸字
係偽自照行並出已難混信且果係偽理其何能偽
換艇之該領事詞窮而其該領事之辭謝所任英
我亦力因向其言謝係任該人不端並案函一張

而不應因英人只管以輕稅一端稅務司何以即
係英人彼最近點從前於八月二十五日復有德德
嘉私販洋藥被獲一案委員陳瑞瀾之於海幢
寺下河面查獲該船有草花大土九千件洋而
花白土二十四包德德嘉當時將其花私土挑
棄水中經巡勇撈獲德德嘉將船罟罰繼因
哀求將其花私土之給還云云伍德八之之物並充
給償繳還罰款德嘉托領事決議求還一條
據稱凡粵省洋藥由民船入口華官海關即認
稽查關照如係洋藥花由洋輪入口口有關即收為

八七九　兩廣總督張之洞奏折

洋商伙串華商漏稅請禁

（光緒十二年三月二十四日）

八七九 兩廣總督張之洞奏折

洋商伙串華商漏税請禁

（光緒十二年三月二十四日）

草花草花既完稅未完釐之物也若花只是
照海關所征則直係漏稅之物洋商固不必
完釐洋商亦無漏稅果係洋貨未報之物即
則漏稅應歸於洋貨之物即則只應代人護送
洋貨素說係代人之物是出頭護送者自承認以
照不准洋商護送之條相背且現獲實係本土
九千件係洋貨稱係八千件乃白土二千四百包有
承認數若迅勇獲少報多之說尤若已裝
不知件數之理更為受僱護送尤屬顯然
正月二十六日美領事費果德稅務司私委

八七九 兩廣總督張之洞奏折

洋商伙串華商漏稅請禁

(光緒十二年三月二十四日)

陳瑞濤實稱云該鋪自已欠洋債款加二未能還陳
瑞濤所換兩次原宜與說在海關馬稅餘擬仍
言在海關者不何要該員不允一百兩之稅四
兩日陳法嘉借一千廣洋人來向該員送給大
洋一件洋銀二百元力託代為描飾該員當即
收銀退還將私土呈同現封存同府以憑陳佳
嘉屢來尋晤該員責呈陳法無憑又知該員勸諭
予買媒言有華商量談貿來往有洋文信可據
情虛賄囑可謂確鑿查陳法嘉叠次以走私被
獲皆由倚洋人查照實係華商之貨前案批面

八七九　兩廣總督張之洞奏折

洋商伙串華商漏税請禁

（光緒十二年三月二十四日）

明刻不合此案件數包數不符而且悔匿吐實奈
從偷換票僅洋商賄屬匠役領了托改原票
種種譔詐實為積慣舞弊之尤以致華販程作
洋販之實據也又於九月十九日亦小煤油局商
人張佰英在省採得獲之私煤油四十二箱私船開
槍拒捕先被私匪槍傷巡丁陳成馮載匪與之
名隨木何亨一名旋接獲私匪李福生一名據該
何同生一名捉獲同艇李亞帝名未獲洋槍刀
械驗以巡丁火器傷處實與鉛子喜炸無舍
以為嫁同生係英久居香港係英屬民何同
生現向張太歷洋行充出英例辦理李亞帝僞

八七九　兩廣總督張之洞奏折

洋商伙串華商漏税請禁

(光緒十二年三月二十四日)

該行雇工而何阿生則自供係東海縣人查太原
行充司事何兼收即其姪李亞吉以供何阿生
係中國人並自稱名李子敬係番禺縣監生並
不名李亞森向充增沙鹽務司事此次係搭船
到省並非何阿生同夥而何阿生捏領事稱係
洋行行主自供則稱係司事已屬矛盾冒充洋
人固干禁令華洋合夥向例亦違約章均經
一是查何阿生之二兄何慎之一名何來一名何
飛雲係同知職銜現充上海招商局司事曾經
左副都御史陳蘭彬奏帶出洋其時並聞新

八七九　兩廣總督張之洞奏折

洋商伙串華商漏税請禁

（光緒十二年三月二十四日）

派使臣張蔭桓與議，茲據來牒並無改入英籍
之說，仍應照中國之私拆、捕例科斷，飭催
集訊，旋據該領事自知理屈，於十月初三日照
照會稱仍同先旋已具，故可見實亦在堵塞此以
華人捏作洋人之實據。查洋人來中國貿易
係其本分營生，乃向年中國莠民假冒洋行販私
謀利，歷年假行所漏釐金不知幾十萬盈，
經破案必私欵，迭其領事復為之多方扛幫架詞
恐嚇，撓我抽釐緝私之權，所以內地奸民借符
亦以又猶洋商慫意違撓中國稅課，殊屬偏堂

八七九　兩廣總督張之洞奏折　洋商伙串華商漏税請禁（光緒十二年三月二十四日）

復下閩粵屢違背條約，省屬郡不無歷年假
冒洋商所漏厘金，應令賠還，商民公論皆謂由
錢多圖利之花衆口一詞，援其掛號之人，恐致會訊不
公允，惟節經保其必無此事，授庇護，而因循未先
所據者條約詳議章程，自應據實奏明，仰懇
敕下總理衙門咨照出使英國大臣曾紀澤，令其分
報嚴禁，並照約會該國駐京公使，諭其歷年
領洋行以字號所漏厘金數十萬，速照作何賠償
情，並嚴飭撫恤領事員，實將該商等以後屢
次違約販私之衆驅逐離粵，曉諭各洋商不准

八七九　兩廣總督張之洞奏折　洋商伙串華商漏稅請禁（光緒十二年三月二十四日）

向串內地奸民犯法走私，從前美領事韓仕戈縱
納嘉托瑪失察假洋行屢次扛護私販，尤屬
不容姑息。已經離粵，應囑美使將該二領嚴飭記
過，如領事再違約包庇，即行撤換，另簡派領
事來粵妥籌，以弭違約多事之處，于權利之或所
有粵省洋人伙行包私、領事扛庇、歷經籌辦情
形，理合恭摺具陳，伏祈

皇太后
皇上聖鑒。謹
奏。

八七九 兩廣總督張之洞奏折

洋商伙串華商漏税請禁

(光緒十二年三月二十四日)

光緒十二年三月二十四日軍機大臣奉

旨該衙門知道欽此

三月二十四日

八八〇　兩廣總督張之洞奏折

華英商人捐銀購炮請獎勵

（光緒十二年四月二十八日）

〇吏兵戶三部議奏

欽此

張之洞等片

再光緒十年海防吃緊之際，購砲製械需款甚鉅，當有香港華洋商人羅席儒、席良、曾郭等，均稱情願捐洋銀共二萬二千二百二十兩六錢，內花翎候選道羅壽嵩捐銀七千五百二十九兩六錢，英國商人席珪捐銀七千一百兩，英國商人曾郭捐銀二千一百零八兩，員外郎銜羅述俊捐銀一千零五十六兩，俊秀陳灿浩捐銀二千一百零八兩，俊秀羅夏聲、羅麟洪、羅芳浩、羅高等四名各捐銀四百零八兩，監生馮鏡璇、羅述薰二名各捐銀二百兩，已飭海防捐輸

八八〇　兩廣總督張之洞奏折

華英商人捐銀購炮請獎勵
（光緒十二年四月二十八日）

局專款另收撥作購砲之用以華商候選道羅壽嵩
等集捐潤物情殷敵愾固屬可嘉而英商
庫臣魯郭等涵濡
德化慕義輸將尤見
聖朝覆幬羣生聞風感奮均應量予獎敍以遂其
報效之忱相應請
旨將花翎候選道羅壽嵩
賞加二品銜英商庫臣
賞給三品頂戴英商魯郭
賞給五品頂戴員外郎銜羅球儀

八八〇 兩廣總督張之洞奏折

華英商人捐銀購炮請獎勵（光緒十二年四月二十八日）

賞加四品頂戴俊秀陳鳴清
賞給同知銜俊秀羅夏肇羅麟浩羅其洪李維高
監生馮鏡璇羅述宸等均
賞給二品頂戴以示鼓勵於其所捐之數惟康有齡等
經陳將該商等籍貫年貌另行造冊咨
部外謹會同附片具陳伏祈
聖鑒謹
奏
光緒十二年四月二十八日軍機大臣奉
旨該衙門議奏欽此

八八一　總理衙門奏折

擬飭各口監督與税務司合力商辦洋藥税厘并征(光緒十二年十二月初十日)

成裕德

奏

總理衙門　摺　洋藥釐税併徵擬飭各口監督與税司合力商辦由

十二月初十日

總理各國事務和碩慶郡王臣奕劻等跪

奏為洋藥釐税併徵現擬飭由各口監督與税司

合力商辦以專責成而免延誤恭摺仰祈

聖鑒事竊洋藥税釐併徵一事自烟台條約議

迄由臣及使臣曾紀澤續議專條條內應次第亦各情形

八八一 總理衙門奏折 擬飭各口監督與稅務司合力商辦洋藥稅厘并征(光緒十二年十二月初十日)

節經陳奏並案上年二月戶部會同臣衙門奏請
由各省自行開辦統計洋藥每箱照正稅例
收三十兩外釐金加徵銀八十兩各口務令
一律原以重釐金抽自由挽冀所收之數見增乃試
辦經年各省報收之數未有起色且核計進口
箱數偷漏愈多是以一面於本年正月間臣衙
門奏請
飭派
邵友濂會同總稅務司赫德前往香港與英官
商辦畧有議定章程可權衡兩地之中定一妥
善辦法邵友濂赫德抵香港後查知港地雖為

扼要者須與英外部會辦，然先於洋藥未進中國口
岸查私之弊，而澳門為葡萄牙國佔據，該國
駐澳洋官又為要求之款，特非允定，未從違。
以商辦各節另單抄呈
覽。
現在赫德、邵友濂均已先後到京，臣等復經迭加詰詢。
赫德謂中國各口設法自行徵收固為不易，然所擬
之章須歸各口稅務司經理。邵友濂則謂洋
藥入內地海關、實接壤之區，應於洋藥進口時
先令封存棧，稅釐並納，而後給商起運，比照淮
鹽就場徵課亦係因時悉心籌慮，以稅釐之

八八一　總理衙門奏折

擬飭各口監督與稅務司合力商辦洋藥稅厘并征(光緒十二年十二月初十日)

此邑既非杜絕走私不可欲絕私之處密飭各關
監督與稅司合力稽徵不可並洋藥之為物可
整可零其體既輕藏匿最易即偷漏最易況
洋人以販藥為名任意揑行漫無限制今擬准明
定新章訂期飭令各口同時舉行每箱俟徵之
數照約以一百一十兩為度於進口時即應按照
新章封存海關准設具有保結之棧存儲躉船
等處也俟每箱向海關完納正稅三十兩並納厘
金八十兩後始准撥出再行包裝請領運貨憑單
其運往內地此貨包於運往內地之際亦經

八八一　總理衙門奏折

擬飭各口監督與稅務司合力商辦洋藥稅厘并征(光緒十二年十二月初十日)

特角監督上之海關即封記存儲總數均
未繳損私政即無須再完稅捐等項民皆以為利
下外照約舉行果能辦理得宜其益有四一新關既
專封儲稅司隨時收解互相稽覈涓滴歸公此
利於國者一也貨入華商之手厘稅早清遂
不再稽徵聽其任便此利於商者二也不肖華
商每假設洋行計圖偷漏領事從而庇
口舌亦多今則貨未出棧課已兼交奸商技窮
所施案牘亦可清簡此利於官者三也新章既行
洋藥諸局卡可以裁撤道路閭閻無干胥擾
累此利於民者四也惟是口岸既多用人必眾占

夫購置巡船添雇扦手之款經費亦較繁亦
請援照節略創始需款較多逐年亦可通融
天下利之所在而驟與之爭等不敢謂責成監督與稅司合
辦必無流弊特以此事定議已逾十一年試不審
百端與其遷延觀望而巨款虛拋何如立意施行而
利權自主此外若有關皆所初等把握將商包
辦靡費較多稅司除徵稅外亦須相助致
難著效一經定立新章專責成行各監
督受
恩深重思欲為天下認真稽覈稅司咸受中國祿

精滋破除情面相與有成即以每年進口七萬
箱而論所收税厘較之近年徵數必有起色而
臣等反覆思維以為舍此更無辦法其一切
詳細章程容再飭各關道與税務司妥商酌
覈總以寬籌經費俾布置可以周詳並須嚴密考
成應課項皆歸覈實等一試辦以祛窒礙情形
亦可隨時變通設法補救如蒙
俞允即由臣衙門行知南北洋大臣劄飭總税務司
轉行道照並擬擇期明年正月初旬迅速開辦
至土藥為中國所產本與洋貨不同應請
飭下各省督撫體察該處情形如何可以辦理加税之

八八一 總理衙門奏折

擬飭各口監督與稅務司合力商辦洋藥稅厘并征（光緒十二年十二月初十日）

處分附具奏俟奏奉到日再由戶部會同臣衙
門酌覈所有洋藥釐稅併徵擬令各關監督
與稅司合力商辦緣由理合會同恭摺具陳再此
摺係總理各國事務衙門主稿合併聲明
伏乞
皇太后
皇上聖鑒訓示謹
奏
光緒十二年十二月初十日軍機大臣奉
旨依議欽此

八八二　粤海關監督增潤奏折

光緒十年份粤海等關收支洋税數目
（光緒十二年十二月十五日）

粤海關監督奴才增潤跪

奏為光緒十年分洋税第九十三結至第九十六結一年期内大關及潮州瓊州北海各新關收支總數開單恭摺具報仰祈

聖鑒事竊照同治二年十一月間奉部劄行

奏准將各海關洋税收支數目均以咸豐十年八月十七日為始仍按三箇月奏報一次扣足四結專摺奏銷一次仍從第一結起造具每結四柱清冊送部查覈毋庸按照關期題銷以清界劃而免稽延其各關應徵常税仍令各按關期照常題銷以符舊制又光緒十年四月間奉户

八八二 粵海關監督增潤奏折

光緒十年份粵海等關收支洋稅數目

(光緒十二年十二月十五日)

部劄本部會議各海關洋稅奏銷辦理未能畫
一應令遵照定章一律開單奏報一摺於光緒
十年二月二十五日具奏本日奉
旨依議欽此鈔錄原奏劄行欽遵辦理概不准以收
支數目串入原摺等因伏查粵海關洋稅光緒
九年分第八十九結至九十二結一年期内收
支總數業經
奏報在案茲光緒十年分自光緒九年九月初一
日第九十三結起連閏至十年八月十二日第
九十六結止所有大關及潮州瓊州北海各新
關洋稅收支各數目除遵照扣足四結為一年

造具四柱清册送部查覈外再查奉撥京餉及
例解廣儲司公用銀兩均屬支放要需亟應依
限籌解若俟庫有儆存誠恐遲誤茲只有設法
騰挪先向西商通融墊解仍歸入下年分徵收
税項内撥抵覈辦謹將光緒十年分洋税收支
各數繕列清單恭摺具
奏伏乞
皇太后
皇上聖鑒謹
奏

八八二 粵海關監督增潤奏折

光緒十年份粵海等關收支洋税數目

(光緒十二年十二月十五日)

該衙門知道單併發

光緒十二年十二月十五日

八八三　總理衙門奏折　澳門議約事擬於洋藥税厘并征案内設法籌辦(光緒十三年二月二十三日)

臣奕劻等跪

奏為澳門久為葡桃牙國居住屢經議約未成現
擬於洋藥税釐併徵案内設法籌辦以一事權
而免隔閡恭摺密陳仰祈
聖鑒事竊查洋藥自印度販運來華聚於香港澳門
分赴各口銷售必須與英葡兩國訂立專章相
助稽查方可杜偷漏繞越之弊是以臣等於上
年正月間議辦洋藥税釐併徵之初奏請
飭派邵友濂會同總税務司赫德前往香港與英官
會商辦法旋與英官商定九龍山為自港至粵
陸路要道今欲堵截土私必應添設税司駐紮

八八三　總理衙門奏折

澳門議約事擬於洋藥税厘并征案内設法籌辦(光緒十三年二月二十三日)

此山北面附近香澳六廠亦歸税司經理駐港
洋官即允派員會同稽查並經查知港地雖為
扼要尚須與澳門會辦始能得力疊經電達臣
衙門恭錄由軍機處呈
覽在案查澳門自前明嘉靖時即經葡國佔居歲輸
税課二萬金迨至
國初知該處被佔已久難以收回遂改税課為地
租僅令輸銀五百兩按年完繳自道光二十九
年以後并此項租銀亦未交納近年該國屢求
訂約通商因澳門之事爭論未定輒作罷論刻
下因洋藥税釐併徵一案非與葡國商量辦法

八八三　總理衙門奏折

澳門議約事擬於洋藥税厘并征案内設法籌辦（光緒十三年二月二十三日）

則澳門之偷漏無從巡緝是以臣等於上年十
二月間開辦洋藥税釐併徵之後即密飭赫德
派税務司金登幹就近前往葡國徐圖辦法兹
據赫德申稱現准葡國外部電稱一派使來華
擬議通商條約二葡國永駐澳門管理一切三
葡國不讓其地於他國四香港所允辦法澳門
亦類推辦理以上四層現值香澳税務開辦在
即應請臣衙門奏明由金登幹在彼畫押為據
一面照會英國使臣轉致葡國派使來華議約
並飭駐澳洋官即日照議開辦各等語臣等查
香澳六廠抽收釐金帶徵洋藥正税自同治十

年前督臣瑞麟等奏請開辦以來每年徵收稅數十六七萬兩而用費亦在十五六萬兩仍於帑項無裨現既設立稅司議在海關併徵六廠本無藥釐可收至每年抽收百貨釐金十餘萬兩應統由稅司經理以省糜費而一事權至葡國永遠居住澳門及來華議約各節查澳門久為彼國盤踞今縱不准其永遠居住亦屬虛文徒於稅務多添窒礙并無收回該地之實際即欲再令補繳欠納之地租仍徵以後之地租雖費唇舌亦恐無成查道光年間前督臣徐廣縉等創以商制夷之策移稅口於黃浦所有澳門

八八三　總理衙門奏折　澳門議約事擬於洋藥税厘并征案内設法籌辦(光緒十三年二月二十三日)

貿易日見蕭索而地方亦不復過問其流弊所
至如偷漏税課招納亡命拐騙丁口及作奸犯
科等事難以枚舉葡國為無約之國中國更無
從措手同治元年該國浼法國先容請立和約
自元年至三年先後奉
旨派薛煥崇厚等會同辦理所有約内應列各款均有
成議獨於澳門設官一節未能商妥迄今約仍未换今
既設税司經理儻能議約有成則權有專歸事無隔閡
向之偷漏税課者今可設關向之招納叛亡者今可緝匪
向之拐騙丁口者今可安插稽查而且與新嘉坡等埠鄰近
藉可通達消息尤為得力不僅稽徵洋藥事宜可歸畫一

也再查葡國貧困日甚如法美俄德各國皆有財力無不垂涎澳門冀以鉅款購得其地為駐兵之所設令此議竟成中國禁之不能聽之不可尤為可慮是不讓其地於他國一層尤應於議約之先切實聲明杜絕覬覦臣等公同商酌所議各節似宜照行以示羈縻而防後患如蒙

俞允相應請

旨飭下兩廣督臣遵辦並由臣衙門劄飭總稅務司飭金登幹先行畫押俾得香澳一律開辦至同治年間原定未換條約各款今昔情形不同所有應增應删各節應俟該國使臣到華再由臣等詳細覈議隨時另行請

八八三　總理衙門奏折　澳門議約事擬於洋藥税厘并征案内設法籌辦(光緒十三年二月二十三日)

旨辦理所有澳門爲葡國居住現擬籌辦各緣由是
否有當伏乞
皇太后
皇上聖鑒謹
奏
依議
光緒十三年二月　二十三　日
臣奕劻

八八三　總理衙門奏折　澳門議約事擬於洋藥稅厘并征案内設法籌辦(光緒十三年二月二十三日)

臣閻敬銘

臣宗室福錕

臣錫　珍感冒

臣許庚身

臣曾紀澤

臣廖壽恆

臣孫毓汶

臣徐用儀假

臣續　昌

臣沈秉成感冒

臣鄧承脩差

八八四　總理衙門奏折

港澳兩處創設粤海分關擬定關名
(光緒十三年二月二十三日)

再香港澳門兩處現既創設粤海分關應定新關之名查附近香港設關在九龍灣擬即名曰九龍關附近澳門設關於對面山在澳門之南拱北灣擬即名曰拱北關仍歸粤海關監督兼轄現據總税務司申請定期於三月初九日開辦該關税釐併徵事宜應由臣衙門劄飭赶緊派定税務司前往駐紮以期辦理妥速理合附片陳明謹

奏

依議

八八五 總理衙門奏折
報告各關解到洋商罰款收支數目
(光緒十三年二月二十三日)

再各關洋商罰款一項向歸監督及税務司留存辦公同治三年臣衙門據總税務司赫德呈稱此項罰款應行分别提解請從第十五結起以三成解京以三成歸監督以四成歸税務司藉以辦公等因當經復准照辦於同治四年附片奏明此項罰款原無一定且多出自商人本非正項可比多寡有無亦難豫計擬留備各項雜用及一切不時之需仍按年將收支銀數入奏免其造册報部等因奉
旨知道了欽此疊經臣衙門照章具奏在案兹查光緒十三年正月起至十二月底止計收各關解到罰

款共銀二萬二千五百七十六兩二錢八分四
釐江海關解還出使大臣張蔭桓借支盤費銀
五千兩舊管存銀三萬八千二百六十五兩三
錢七分一釐八毫共應存銀六萬五千八百四
十一兩六錢五分五釐八毫除本年五月八月
十二月章京供事等津貼銀八千二百七兩八
錢各部院大臣到署會齊往各館賀年桌飯並
請外國使臣公宴送外國使臣食物製造寶星
穗帶寫畫地圖電信紙張試馬地租堂司及供
事學生出差川資未列例保供事蘇拉等獎銀
供事聽差卹賞等共銀五千二百三十九兩八

錢共用銀一萬三千四百四十七兩六錢實存
銀五萬二千三百九十四兩五分五釐八毫臣
等仍飭總辦章京照案另款存儲留備各項雜
用及一切不時之需理合將收支數目附片陳
明謹
奏
知道了

一八八六 兩廣總督張之洞奉電諭著懍遵辦理稅厘并征新章(光緒十三年三月初五日)

奉
旨張之洞等朔東先等電均悉香澳六廠歲收為數
無幾該委員等賣放侵漁利歸私橐葡國以商民
不便為詞初議堅請撤卡總理衙門慮與貨釐有
礙飭赫德與葡再三辯論統歸稅司代收該國始
允照香港幫助緝私章程一體遵辦其助緝辦法
凡由印度到港之洋藥何船何人若干數目由港
官逐日知照稅司及出口時凡移存何棧轉附何
船運售何口又一一知照稅司會同稽察稅司全

八八六　兩廣總督張之洞奉電諭著懔遵辦理税厘并征新章(光緒十三年三月初五日)

數瞭然綫索在手設關密通消息常通澳港内外
更無殊別此事往返辨駁經年之久始克定議並
非改變前説該督等於此中曲折並未知悉何得
謂與原議不符海軍創設籌餉萬難有此辦法冀
可歲增巨款縱令六廠區區十餘萬之數全行蠲
棄亦無顧惜况經税司代收此款並不致無着是
此舉非但與各省税釐無涉並與廣東税釐無損
所不便者不過廠員利藪一空未免浮言胥動耳
該督等於朝廷全局通籌之意毫無體察輒挾持

偏見故作危詞竟似六廠負弁一撤從此天下利權悉入洋人之手殊不思稅司由我而設洋稅自我而收現在海關歲入增至一千五百餘萬業已明效可覩即使併徵之議此後辦理設有窒礙儘可隨時變通復歸舊制何致外海內地稅釐財源統歸彼族耶事關籌餉大計特旨允行又與外洋交涉斷不能朝令夕改該督等接奉此旨當懍遵辦理所有該六廠補抽稅釐章程即日交付兩稅司毋准再有延誤致干重咎其抽收時刻一節業

八八六　兩廣總督張之洞奉電諭著懔遵辦理税厘并征新章（光緒十三年三月初五日）

經總理衙門傳詢赫德渠允遵籌辦法禮拜不停
關隨到隨驗至代緝私鹽一節前議加倍抽收重
罰以困之正爲杜私起見來電謂官引被占亦屬
隔膜之説惟現據赫德聲稱新置巡船太少不敷
兼緝之用請仍歸運船巡緝等語所有助緝私鹽
之議著暫作罷論欽此

三月初五日

八八七　兩廣總督張之洞奏折

澳門租界改歸葡國永居立約尚宜妥議(光緒十三年四月二十四日)

兩廣總督臣張之洞跪

奏為廣東澳門租界改歸葡國永遠居住立約尚

宜妥議緩定以求無弊恭摺具陳仰祈

聖鑒事竊臣於光緒十三年三月二十日承准總理

各國事務衙門咨稱洋藥税釐併徵新章香港

與澳門會辦各節於光緒十三年二月二十三

日奏奉

硃批依議欽此恭錄咨行到粤查原奏内稱竊查洋

藥自印度販運來華聚於香港澳門分赴各口

銷售必須英葡兩國相助稽查方可杜偷漏繞
越之弊上年正月間奏請
飭派邵友濂會同總税務司赫德前往香港與英官
會商辦法查知港地雖為扼要尚須與澳門會
辦始能得力澳門自前明嘉靖時即經葡國佔
居歲輸税課二萬金迨至
國初知該處被佔已久難以收回遂改税課為地
租僅令輸銀五百兩按年完繳自道光二十九
年以後並此項租銀亦未交納近年該國屢求

八八七 兩廣總督張之洞奏折 澳門租界改歸葡國永居立約尚宜妥議(光緒十三年四月二十四日)

訂約通商因澳門之事爭論未定輒作罷論刻
下因洋藥稅釐併徵一案非與葡國商辦則澳
門之偷漏無從巡緝是以上年十二月間開辦
併徵之後即密飭赫德派稅務司金登幹就近
前往葡國妥圖辦法茲據赫德申稱現准葡國
外部電稱一派使來華擬議通商條約二葡國
永駐澳門管理一切三葡國不讓其地於他國
四香港所允辦法澳門亦類推辦理以上四層
現值香澳稅務開辦在即由金登幹在彼畫押

為據一面照會英國使臣轉致葡國派使來華議約並飭駐澳洋官即日照議開辦各等語查澳門久為彼國盤踞今縱不准其永遠居住亦屬虛文徒於税務多添窒礙並無收回該地之實際儻能議約有成則權有專歸事無隔閡向之偷漏税課者今可設關向之招納叛亡者今可緝匪向之拐騙丁口者今可安插稽查而且與新嘉坡等埠鄰近藉可通達消息尤為得力再查葡國貧困日甚如法美俄德各國皆有財

力無不垂涎澳門冀以鉅款購得其地爲駐兵
之所是不讓其地於他國一層尤應於議約之
先切實聲明杜絶覬覦所議各節似宜照行請
旨飭下兩廣督臣遵辦並劄飭總税務司飭金登幹
先行畫押至同治年間原定未换條約各款今
昔情形不同所有應增應删各節應俟該國使
臣到華詳細核議隨時另行請
旨辦理等語臣惟葡人僦居澳門歷有年所總署因
其久假不歸且慮他國垂涎陽資其權税緝奸

之力陰禁其併吞授受之謀原所以曲示羈縻
裨益
國計此舉臣初見港報尚覺將信將疑未幾接到
總署來文方知成局已定焦灼傍徨不可言喻
頻月以來通籌利害竊恐羈縻之意雖善滋長
之患方多茲事體大有不得不瀝陳於
聖主之前者查澳門為香山縣轄距省城二百餘里
陸路可通實為廣東濱海門户非如瓊州之孤
懸海外亦非如香港之矗立海中葡人雖盤踞

八八七　兩廣總督張之洞奏折

澳門租界改歸葡國永居立約尚宜妥議（光緒十三年四月二十四日）

多年不交租銀不守界址然亦幸中國之不屑
與較至挈權量力我之可以逼葡葡之不足病
我事理甚明今若因一事之要求曲徇其請遽
就立約在葡人固始願不及即他國亦相顧驚
疑夫因練軍而始籌餉乃因籌餉而先損權可
慮一也葡之住澳本以圍牆為界牆外民田户
籍悉隸香山葡人逐漸越佔近又屢向界外村
民勒收田房租鈔迭據望厦村紳民聯稟赴愬
經臣先後委員會勘照會葡官查禁在案名為

八八七　兩廣總督張之洞奏折

澳門租界改歸葡國永居立約尚宜妥議(光緒十三年四月二十四日)

租界猶得加以詰問立其隄防若竟畀以管理
一切之權是此後土地人民盡歸葡屬以及水
界附島皆將視若固有是其政令既行於澳中
管轄將及於澳外界限混淆潛滋暗長可慮二
也中國濱海各省租界林立一切管轄辦案權
利章程章有公法可循條約可守雖暫無退還
之舉亦莫生覬覦之心今有澳門為例則日後
諸強國乘機伺便接踵效尤拒之則有厚薄之
嫌應之則成滋蔓之勢且此次英葡同一幫緝

八八七　兩廣總督張之洞奏折
澳門租界改歸葡國永居立約尚宜妥議(光緒十三年四月二十四日)

英人倡議主事德色尤深葡則成效未見已有
先施英若美利能收能無厚報可慮三也粤民
僑寓澳門人數衆多良莠互異南番香順等縣
商民往來省澳者何止數萬往往兩地置産兩
地行商無從限斷至於閒民濫匪往來如織尤
無紀極西例凡生長於某國之地即可隷籍爲
某國之民領取屬民票據恃爲護身之符遇有
犯事地方官不能以華法治之即如光緒十一
年南海縣民何回生走私一案何回生現隷民

八八七　兩廣總督張之洞奏折　澳門租界改歸葡國永居立約尚宜妥議(光緒十三年四月二十四日)

籍家有職官人所共知乃英領事來文以其久
居香港冒入英籍公然指為英國屬民前車可
鑒查英國稽核較嚴猶不能無冒濫給票之弊
葡國貪鄙陋劣若以澳門歸其管轄奸民將取
巧冒籍四出作奸葡官必漁利扛幫紛紛移索
民無定籍官法不行可慮四也澳門藪盜庇奸
由來已久臣到任後所有照會葡官提取要犯
雖不無往返駁詰亦均陸續交出以視港官之
扣留員弁勒請訟師糜費曠日或交或否聽憑

八八七　兩廣總督張之洞奏折　澳門租界改歸葡國永居立約尚宜妥議(光緒十三年四月二十四日)

洋官訊斷往往始終不交者難易較殊租界與屬地辦法不同確有明驗今若改歸管轄以後不獨拐騙人口難於過問即緝匪一節亦將藉口洋例如香港之節節刁難彼之事權愈專我之隔閡愈甚可慮五也葡踞澳門得之無名未立條約利益不能與各國同霑葡人犯事可歸地方官審辦通商以來未聞有葡人遊歷傳教之事非不願來實不便來也今若與之立約必有遊歷傳教之條彼族將藉此為營私之計將

八八七　兩廣總督張之洞奏折　澳門租界改歸葡國永居立約尚宜妥議（光緒十三年四月二十四日）

來交涉教案必有歐洲各國之人所不屑為者
葡人則優為之可慮六也葡人貧困日甚各國
垂涎澳門誠如總署所云冀以鉅款購得為駐
兵之所然名為租界環瀛共知猶未敢公然取
求顯干名義今改歸葡轄我縱能禁葡人之不
得轉讓豈能保各國之不以力爭設竟效併越
吞緬之故智不取之於我而取之於葡葡人為
自主之國而無可求援中國為局外之觀而無
從庇護澳雖蕞爾逼近省垣此後水陸籌防均

八八七　兩廣總督張之洞奏折
澳門租界改歸葡國永居立約尚宜妥議（光緒十三年四月二十四日）

難措手實為肘腋之患非惟脣齒之憂可慮七也有此數弊雖藥徵得效利害兼權似亦不能無緦緦之過慮特是草約已立勢難中止愚陋竊思今日挽回補救之策約有五條一曰細訂詳約查簡約雖經金登幹畫押而詳細條約應删應增仍須俟葡使到華會同總署核議請旨辦理其永駐澳門一條原因協辦藥徵格外允讓租銀非畫地歸葡者可比且約有不得轉讓他國之文可見澳門係中國讓與葡國居住仍係

中國疆土應聲明澳門讓與葡國永遠居住免
其租銀不得視爲葡國屬地其不讓地於他國
一條應聲明澳門仍係中國疆土葡國不得轉
讓與他國如此則我有讓地之名而無損權之
實於原約之義毫不相背既可關葡人之口亦
不致生他國之心一曰劃清界限有陸界有水
界何謂陸界東北枕山西南濱海是爲澳門其
原立之三巴門水坑門新開門舊址具在志乘
可徵所築礮臺馬路兵房均屬格外侵占應於

立約時堅持圍牆為界不使尺寸有踰彼所重
在租界界外之地本屬可有可無我讓則彼取
我爭則彼棄斷不至因此遂廢前議何謂水界
公法載地主有管轄水界之權以礮子能及之
處為止若兩國土地毗連中隔小河則以中流
為界此係指各國自有之地及征伐所得者而
言澳門本係中國之地不過准其永遠居住葡
人只能管轄所住之地宜明立條款所有水道
准其船隻往來不得援引公法兼管水界一曰

界由外定准葡住澳免其租銀水界仍是中國
所有自無水界之可分陸界至舊有圍牆為止
葡人於同治初年將圍牆拆卸希圖滅跡然牆
可拆而舊址終不可没將來約有成議似應由
粤省督撫臣就近派員會同葡使親往勘驗詳
查舊址公同立界俾免影射踰越一曰核對洋
文查赫德申稱所訂草約四條與澳門洋報所
載者文義輕重懸殊第一條派使來華擬議通
商條約洋文内加須有利益均霑字樣第二條

八八七　兩廣總督張之洞奏折

澳門租界改歸葡國永居立約尚宜妥議(光緒十三年四月二十四日)

葡國永駐澳門管理一切洋文内加悉與葡國
別處屬地無異字樣草約内澳門字樣凡三見
洋文皆作澳門及澳門附地查附地二字意極
含糊不惟將圍牆外至望厦村隱括在内即附
近小島毗連村落皆可作附地觀至謂與葡國
別處屬地無異一語措辭亦謬雖洋報所載未
盡可信要其有意朦混藉圖侵占傳說必非無
因既與總署奏案不符亦非奉
旨准其永駐之本意應請

飭下總署先將草約漢洋文詳細校對以防狡混而
免侵越一曰暫緩批准立約雖有成議
批准權在
朝廷此各國之通例英國煙臺條約光緒二年所立
有未經批准三條直至上年始行議定成案可
援自應明與之約定約後須俟稅釐款項大增
拐騙逃亡隨提隨解諸事均有明效可徵兩國
始行批准互換庶彼不得終售其欺以上五條
皆就原約之中力籌萬全其間自必有總署所

八八七 兩廣總督張之洞奏折

澳門租界改歸葡國永居立約尚宜妥議(光緒十三年四月二十四日)

已經計及者亦容有澳地情形總署所未能深悉者謹竭其管蠡所及以備挽救之資竊思葡人至貧至弱素為各國所輕食用則仰資粵產貿遷則專仗粵商其於粵尚不能無所顧忌今既允與立約並准其永住澳門港報所譯又有利益均霑之條是葡人所獲已多即此次詳約有所删增亦足饜其願望況所陳各端皆就草約立論未嘗有所變更應請

飭下總理衙門於該使來華時就臣所陳細與辯論

八八七　兩廣總督張之洞奏折　澳門租界改歸葡國永居立約尚宜妥議(光緒十三年四月二十四日)

極力堅持彼能就我範圍自可照此立約如其
不從是棄約出自葡國草約自可任作罷論香
港徵稅章程仍前舉行而於拱北關多設巡船
前山廠多派巡丁水陸截緝漏私當亦無多而
葡人必大有所不便利害相形不數年間彼終
不能不就所議來求立約如此則所損於稅釐
者少所全於大局者多矣臣職在守土利害之
大不敢不詳籌瀝陳並將澳門地形繪圖貼説
恭呈

八八七 兩廣總督張之洞奏折

澳門租界改歸葡國永居立約尚宜妥議（光緒十三年四月二十四日）

御覽伏祈

皇太后

皇上聖鑒謹

奏

該衙門知道

光緒十三年四月 二十四 日

八八八 廣東巡撫吳大澂奏折

澳門租地宜及早維持葡國狡謀宜設法鈐制(光緒十三年四月二十四日)

登檔案

奏。○吳大澂

澳門租地宜飭制葡國狡謀由

另抄交總理衙門

閏四月廿一日

廣東巡撫臣吳大澂跪

奏為澳門租地宜及早維持葡國狡謀宜設法箝

制敬陳管見據實瀝陳仰祈

聖鑒事竊維今日中西之局勢以彊寡為國本富不在

小利而在遠圖強不在虛聲而在實際西國講求

武備專以利人土地為務用心周密而不在中國

整頓艦師特為保我海疆之計用心則至而不識
雖我退則彼進我讓則彼取一國利則他國生
心一予懸則諸予擊射其機甚微其患甚大收身任
疆圻者宜力顧大局以之所不安不能不瀝
陳於
君父之前日准兩廣督臣張之洞咨以總理各國事
務衙門來咨抄錄東稟內稱洋藥稅釐併徵
案非與葡國商量辦法則澳門之偷漏無從巡
緝密飭赫德派稅務司金登幹就近前往葡國議
國如法恭擬赫德申稱現准葡國外部電稱一派
使來華妥議通商條約二葡國永駐澳門皆理

八八八 廣東巡撫吳大澂奏折

澳門租地宜及早維持葡國狡謀宜設法鈐制（光緒十三年四月二十四日）

一切之葡國不讓其地於他國四條係澳所允照法澳門無難推出其以上四條來咧由金登幹達總畫押為據一面照會英國使臣轉致葡國派使來華議約並飭駐澳洋官即自照約辦各等語臣竊思葡國狡謀不難控馭以中國之兵力財力制他國則不足制葡國則有餘若慮其不能收回而概然為之恐為西洋各國所竊笑而西洋各國所竊喜者葡萄牙一貧弱小國耳於中國所索既而不能堅拒祇以稽查洋藥之偷漏為辭殊屬識淺未觀而厚施先施

八八八 廣東巡撫吳大澂奏折

澳門租地宜及早維持葡國狡謀宜設法鈐制(光緒十三年四月二十四日)

不償所利實顯於西洋各國議論必疑中國於葡國所畏或暗中受人之計則從旁竊笑者有之澳門爲香山縣屬沿海之地以粵省東西道里計之澳門適居其中距省城不過二百數十里非若欽州之毗連越南非若瓊州之孤懸海外又非若香港之自爲一島自西洋與中國通商凡洋人寓居中國如天津之紫竹林上海之洋涇浜皆有外國人租地澳門亦葡國租界雖占踞之久情不同其爲租地則一若以租地改爲賞賜之地各國洋人必謂中國於瀕海要疆不甚愛惜則私心覬覦者亦必有之至葡人

八八八　廣東巡撫吳大澂奏折

澳門租地宜及早維持葡國狡謀宜設法鈐制（光緒十三年四月二十四日）

租住地段舊有圍牆為界，圍牆以外地名望廈
村，該村附近民田皆隸香山縣管，歷年完納賦稅，
皆案可稽。近來葡人拆卸圍牆，建築礮臺，並
縱洋兵侵佔民田，砌築馬路，又向村民勒收田
畝、房租，折迭據該村民人先後呈訴，自光緒
五年節次控案累累，前兩廣總督臣張之洞並
會葡督，令其查禁止，並撥悍然狠傲，睨我國
西務衙門存案，今葡以租地視為轄地，擬即
將大地盡歸其管轄，華民之居住澳門及澳門
附近之民人，羅居廬田畝收稅，房屋勒租，撿
萃茲若擬，澳稅必為所欺，往來船隻必為所

八八八 廣東巡撫吴大澂奏折 澳門租地宜及早維持葡國狡謀宜設法鈐制（光緒十三年四月二十四日）

枝節，陰佐葡人要挾，俾華民安業無虞
親而離之，華民既勢有必能，亦即按照條約
與爭，法難屢生枝節，而於粵省屢啟之覆
不可不慎也。抑且東方大局，葡不之所恃以英
人為護符。英之覬覦澳門，非一日矣，與英一氣
無人知之。若不乘此爭澳門，將使葡爭至於討好於英
國，且經再三無禪英國，英人能傳英國之不
落葡手，以杜窺伺之心。澳門若為粵省屬地，非特
預防後患，不致與之約葡人，從前所立之章，亦可留作
後圖，一與立約，葡人與我抗衡，必更難乎思
患一勝負

八八八　廣東巡撫吳大澂奏折　澳門租地宜及早維持葡國狡謀宜設法鈐制（光緒十三年四月二十四日）

飭下
總理各國事務衙門俟葡國派使來華先照清
理租界按照香山縣志光緒年間所載葡人
租住澳門之地西北枕山高建圍牆東南倚水
為界有三巴門水坑門新開門三處舊址為限
其三巴門牆垣以内所占民地田一律令其
退還三門附近之地一為望廈村一名龍田龍環
蓮峯廟皆係香山縣屬地因葡人侵佔築
營建屋之故必當詳細與之辯論先由租地劃
清界限再與議換約款如葡使是否允從
即可藉詞堅拒設有全無辦法議準約束
聖慮若必失信於洋人而斯準補救則陛為

聞議中俄條約既定近年所議中〻淡保俄當保護來更正並勸一面宣言之說但於大局似屬不以小信養夷現當中國力圖自強之際不宜委曲遷就至於葡人與洋藥稅釐併徵關稅臣更慮葡人之不能遵約之肇釁失和不啻鎖之遙廣地且為中國大局關係土地人民不敢緘默不言致負

朝廷委任之重所有冒昧披瀝上陳謹恭摺具

奏伏乞

皇太后

皇上聖鑒訓示謹

八八八 廣東巡撫吴大澂奏折

澳門租地宜及早維持葡國狡謀宜設法鈐制(光緒十三年四月二十四日)

奏 光緒十三年閏四月廿一日奉

硃批該衙門知道欽此

四月廿四

八八九　兩廣總督張之洞奏折

新香六廠補抽貨厘事移交稅務司接辦并妥籌章程（光緒十三年四月二十五日）

兩廣總督臣張之洞
廣東巡撫臣吳大澂　跪

奏爲新香六廠補抽貨釐遵
旨依期移交新稅司接辦並豫防將來流弊核計未
盡事宜請籌妥善章程仰祈
聖鑒事竊臣等於本年三月初一日會同粤海關監
督臣增潤電奏新稅司馬根法來格到粤來議
附近香澳六廠代徵百貨稅釐事有關華洋界
限大局利害現已具摺詳奏可否暫緩改章俟
奏到後仰懇
聖裁詳察并交總署戶部會同妥議如確無窒礙再
請
當

八八九　兩廣總督張之洞奏折

新香六廠補抽貨厘事移交税務司接辦并妥籌章程（光緒十三年四月二十五日）

旨遵行又官鹽例有引地按引繳課私鹽向以香澳
為數四出充斥若抽其釐便成官鹽各處可銷
充占引地正課無出商必不從各等語正在具
摺詳奏間三月初六日准總理衙門來電初五
日奉
旨張之洞等朔東先等電均悉香澳六廠歷收為數
無幾等因欽此伏讀之下欽悚莫名查洋藥税釐
併徵實有大益於
中國餉項經總署籌議經年始有成説臣等實深
欣幸此次奉
旨飭行粤省即於正月初九日遵辦統交海關徵收

八八九 兩廣總督張之洞奏折

新香六廠補抽貨厘事移交稅務司接辦并妥籌章程(光緒十三年四月二十五日)

於正月二十四日奏明在案若稅司代徵貨釐
臣等先無所聞僅於二月初十日接總署初九
日電稱香澳各廠巡緝抽收事宜統交稅司代
辦補抽貨釐十數萬即由稅司經收詳細情形
專函另達二月十二日接總署本日電稱鹽私
走澳已屬赫飭新派稅司巡船幫緝向章私鹽
是否入官赫以加重抽釐為勝各等語事關財
賦要政更改舊章臣等與增潤有監收之任有
地方之責其時尚未接到總署函牘户部咨行
而馬根法來格來粤遞請接辦并未齎帶公文
倉卒之際不能不益加詳審縷晰上陳祗候

飭議妥善以期久遠無弊非敢稍涉拘泥聽受浮言
坐誤
朝廷至計也荷蒙
聖明曲垂鑒察暫罷税司私鹽抽釐之議復經總署
傳諭赫德將停關停驗之洋例更改悉照華章
辦理不令貨船延擱臣等前電所云商情不便
一節竊幸可冀相安至此外室礙之端似不能
不一一慮及惟既欽奉
嚴旨飭行自應先行遵照辦理除常税由增潤飭辦
外釐金一項由臣等轉行司局飛飭該六廠遵
於三月初九日一律移交新税司接收訖伏思

八八九　兩廣總督張之洞奏折

新香六廠補抽貨厘事移交稅務司接辦并妥籌章程（光緒十三年四月二十五日）

代抽稅釐一節另為一事與洋藥實不相謀總
署兩次來電一則曰經收釐金不致無著再則
曰收得之款照舊分撥是粵省向有之釐并不
減少就事論事豈不樂從初一日電奏業經聲
明至廠員侵漁中飽乃臣等所深惡而痛絕者
臣之洞到任後於釐廠各員參撤甚多使其有
之方欲盡發其覆上陳於
聖主之前上年十一月遵查覆奏汲水門六廠洋藥
稅收支數目奏裁歲支七萬金覆奏北海關定
額請加歲額正餘七千金若瞻徇屬員之私囊
致礙

八八九　兩廣總督張之洞奏折

新香六廠補抽貨厘事移交税務司接辦并妥籌章程(光緒十三年四月二十五日)

國家之巨餉臣等何敢出此查新香六廠補抽貨
釐上年六月甫經議定陸續開辦其地逼處港
澳開辦之初洋官洋商句串華商造言阻撓臣
之洞持之甚堅剴切曉諭始得相安計每年所
入雖止十數萬金而保全内地之貨釐實屬不
少且凡事皆日久而弊生此次開辦未及一年
又多洋界牽制收數尚不為少臣等隨時明查
暗訪似尚無賣放中飽情事此臣等電奏所論
固非阻撓併徵亦非不交釐廠之實在情形也
竊謂餉項固屬難籌隱患亦不可不杜用人固
貴專一流弊亦不可不防謹將豫防此後窒礙

八八九　兩廣總督張之洞奏折

新香六廠補抽貨厘事移交税務司接辦并妥籌章程（光緒十三年四月二十五日）

名飭暨税司到粤以後情形並前電未及詳奏
之處敬為
聖主一一陳之一曰踰險查六廠曰汲水門曰九龍
司向設有九龍司巡檢大鵬協副將曰長洲曰
佛頭洲此四廠水陸均屬新安縣轄在省城外
東路虎門之外近接香港曰馬留洲曰前山寨
設有前山同知此兩廠水陸均屬香山縣轄在
省城外西路橫門磨刀兩門之間近接澳門是
以歷屆奏報稱為新香六廠汲水門為香港入
省海道必由之路九龍為香港赴省城暨惠州
陸行必由之路佛頭洲為香港赴潮州汕頭海

八八九　兩廣總督張之洞奏折

新香六廠補抽貨厘事移交稅務司接辦并妥籌章程(光緒十三年四月二十五日)

道必由之路長洲為香港赴澳門海道必由之路前山為澳門入香山陸行必由之路馬留洲為澳門赴高廉雷瓊四府海道必由之路廣東省垣東為香港所阻西為澳門所扼事事牽制已有喉骨胸刺之憂自同治七年以後釐務局粵海關先後開辦藥釐藥稅百貨稅在該處分設六廠計海關釐局共十二廠上年補抽貨釐以九龍附於汲水門故亦稱五廠各該廠委員勇役輪拖各船分投巡緝人數不少自洋界過此隱若關隘各廠聲勢聯絡與洋界消息易通哨探亦便於徵榷之中實兼有巡防之益今英

八八九　兩廣總督張之洞奏折

新香六廠補抽貨厘事移交税務司接辦并妥籌章程（光緒十三年四月二十五日）

葡藉洋藥併徵一端乘機要挾始欲撤卡繼欲代徵常税釐金後并欲代抽私鹽釐金於是數百里海面巡船巡勇胥授權於洋人將來必有事事掣肘之憂藩籬盡撤之患此形勢之窒礙一也一曰混界九龍與香港對岸汲水門長洲佛頭洲皆各自為島環繞香港近香港耳非香港也馬留洲拱北灣均在澳門西隔海亦各自為島前山在澳門西北陸路相連中隔關閘近澳門耳非澳門也洋人妄稱香澳六廠已隱伏蒙混占地之根本年二月初五日臣之洞電達總署在案乃三月十一日接新税司馬根來函

封寄赫德單銜告示一紙內稱澳門附地添設
新關一處名拱北關香港附地添設新關一處
名九龍關等語實堪駭異傳有之惟器與名不
可以假人今乃以分明我疆指為外邦附地既
敢懸諸告示從此登諸案牘英葡兩國得步進
步居之不疑粵省政令不能出海口一步後患
豈可勝言近年住澳葡人於三巴門外踰界儌
租臣之洞屢與勘查辯駁正在設法禁制其眈
眈之意確有明徵在赫德或由委曲求成圖加
薪俸所致然臣等不敢謂英葡必無希圖占地
之心此界務之窒礙二也一曰侵權楚材晋用

從古有之洋關開設之初中國未悉外國商情
不能不暫用洋人然洋員但司查艙驗貨其法
令文告仍由南北洋大臣監督關道主之稅司
間有曉諭不過諭知洋商洋船而已其徵銀仍
存關庫故有利而無弊今馬根法來格來粵並
未持有總署公文總稅司申文竟由赫德單銜
出示諭飭華商華民華船并不知會海關是粵
海關兼轄之說不過徒存其名遇有民船華商
罰禁懲辦概由稅司徑行主持發落地方大吏
并不與聞州縣吏無論矣西例最重者權利今
以洋員全奪地方官之權撓我內政以後粵省

虎門以外縱横數百里耳目所習將不復知有
華官法度非特利權有損并於事權有妨易曰
履霜堅冰至言漸之不可不慎也此事權之窒
礙三也一曰擾民現又接總署來函據赫德申
呈香澳兩處新設分關華船有從通商口岸前
往者有從不通商口岸前往者有從不通商口
岸未設粤海分關處前往者可分三等抽收按
通商税則完納正半各税發給船牌等語所謂
通商口岸者有洋關處所也不通商口岸者有
常關無洋關處所也不通商而又無粤海分關
者内河行釐坐釐及各府雜税設關設卡之地

八八九　兩廣總督張之洞奏折

新香六廠補抽貨厘事移交稅務司接辦并妥籌章程(光緒十三年四月二十五日)

也赫德因洋藥併徵而關及貨釐關稅今更因新香六廠之一隅侵及沿海内河之常稅雜稅行坐各釐且欲將各屬民船民貨悉改用洋稅章程盡籠粤省内外大小之利權併而歸之香澳之地稅司之手齊之以洋關之法疑民改制全省紛擾得隴望蜀長此安窮此民情之窒礙四也一曰有礙海防昨准粤海關監督增潤咨稱接赫德照會内稱新設海江防私巡緝稅務司之缺查有粤海關右副稅務司葛雷森堪以充補等語該稅司當即將來管帶新設巡輪之員查該稅司專為緝私而設只可稱管帶緝私

八八九　兩廣總督張之洞奏折　新香六廠補抽貨厘事移交税務司接辦并妥籌章程（光緒十三年四月二十五日）

輪船何以攙入海江防字樣若謂防私即係緝私文義亦屬牵强顯係蒙混影射欲以税務司而兼海防江防之事查光緒初年赫德曾有自請充總海防司之説經故協辦大學士沈桂芬駁斥而止以前證後顯然可疑今合六廠水陸船勇均由洋弁管帶并有外洋新造巡輪十一艘江海皆可任意來往一旦有警或與英國稍有違言所帶之兵船所踞之關卡尚無華官在事豈能驟令全行交出棘手殊多此海防之窒礙五也一曰虚誑不實英人原議香港設關洋商不報税不得開箱故我如其請以予之今港

八八九　兩廣總督張之洞奏折

新香六廠補抽貨厘事移交稅務司接辦并妥籌章程(光緒十三年四月二十五日)

官不允洋界設關之舉港商不允不開箱之條
近雖聞有出具保單議罰之說恐走漏已所不
免至香港向有煙膏公司每年繳餉十八萬元
於港官併徵既重不漏私土必漏私膏查每土
一斤熬膏八兩是藥膏之稅釐應較藥土加倍
今總稅司議每膏百斤收稅三十七兩五錢釐
一百兩是未成膏者藥土百斤稅釐一百一十
兩既成膏者藥膏五十斤實係藥土百斤只完
稅釐六十八兩有奇港之膏商包攬圖利必爭
熬膏分運港官之膏餉日增中國之藥徵日絀
每年八百萬之數誠恐難期彼願已償而我利

未見此食言之窒礙六也一曰要挾無已准總
理衙門咨稱澳門歸葡國管轄訂立新約已經
奏准咨行此事關繫甚鉅並約必須詳審另摺
詳陳查
中國各省租界甚多雖暫無收回之舉而種種管
轄辦案權利章程租界與屬地判然各別果使
藥徵有效而英人市德援澳門以為詞各國效
尤援英葡以為例拒之則不允助緝許之則枝
節日多猺獠及米何所底止此滋蔓之窒礙七
也為今之計似宜熟籌盡利防弊之法約有數
端一請先行試辦一年伏讀此次

八八九 兩廣總督張之洞奏折

新香六廠補抽貨厘事移交税務司接辦并妥籌章程(光緒十三年四月二十五日)

電旨本有此後辦理設有窒礙儘可隨時變通復歸
舊制之明文仰見
聖慮周詳默寓時措咸宜之妙惟事關交涉必以豫
定爲宜擬請
敕總署與英葡約明作爲試辦如一年後尚無成效
或别有窒礙即當仍復舊章一請添設華官各
廠除税司外仍由粤省每廠各派委員一人税
司報總署委員報督撫監督互相維繫即如洋
關雖用税司仍歸監督關道造報督撫按結奏
聞并無掣肘之事今釐金係地方官所收常税係監
督專管督撫兼轄自應有地方委員在事一以

八八九　兩廣總督張之洞奏折　新香六廠補抽貨厘事移交税務司接辦并妥籌章程(光緒十三年四月二十五日)

存餼羊之意一以備習練之資他日設須改章
亦易接手一請由總署明文行知總税司新税
司此六廠係代收内地税釐所辦理皆係民船
華商之事此六廠照舊歸督撫兼轄或總督兼
轄查各海關無不歸所在督撫兼轄者此係各
洋關通例況代收民船貨税貨釐尤有不同一
以後該關遇有曉諭商民之事仍照向章由總
督監督出示税司不得徑自單銜出示一體制
文移宜照各海關通例令該税司用銜名印文
申報總督照會監督總督監督應行知照該税
司之事照章分别劄知照會以符向章不得僅

八八九　兩廣總督張之洞奏折

新香六廠補抽貨厘事移交税務司接辦并妥籌章程（光緒十三年四月二十五日）

用信函收數由督撫監督照舊分别奏咨以備稽核而便維繫一九龍司拱北灣兩處以後總税司新税司文牘宜稱爲粤地不得混稱香澳附地迭將從前告示錯誤更正一議明徵銀不宜交香港匯豐洋行亦不得於九龍地方令匯豐擅設分號查各該廠設有巡船巡勇向來不致疏虞每月所收儘可遵照總署户部所定分撥之數分别解交海關釐局存儲無多自無庸存放香港各海關税司向無自設銀庫之事此六廠自應照辦以符通例一巡船管帶管駕各弁宜仍用

中國員弁由粤省派委聽稅司調遣考察如有不力及舞弊者准該稅司申報總督立時撤參更換一管巡船之洋弁只宜稱管帶緝私船稅務司將海江防三字删改以昭核實一九龍稅司現住香港並不住九龍至拱北稅司亦不住拱北灣在澳門賃屋居住所有該兩關廠卡乃中國辦公之所官吏體統所繫商民衆目昭彰其屋舍仍用中國公所舊式不得改易前觀建造洋樓緣該廠距洋界太近易涉嫌疑亟應豫為之防以定民志一議定以後他處稅釐不得援例推廣總之洋藥併徵與常稅釐金本是截然

八八九　兩廣總督張之洞奏折

新香六廠補抽貨厘事移交税務司接辦并妥籌章程(光緒十三年四月二十五日)

兩事英國既允開辦即由海關原設之税務司併徵似亦未嘗不可該兩國果肯助緝則隨時函知電知省城原設之新關税務司儘可稽察不漏或以九龍拱北專設税司便於聯絡則洋藥自歸税司税釐自歸委員并無干涉并無妨礙何以税司必欲代我抽收民船貨税貨釐其中自別有用心所在已屬顯而易知且廠員未必人人皆不肖大吏未必任任皆縱容固間有舞獘之事亦常有發覺參黜之時極而言之止此六廠縱有數千金雀鼠侵蝕之微似亦不敵數百里門庭隱患之鉅此事在總署反覆酌定

八八九　兩廣總督張之洞奏折　新香六廠補抽貨厘事移交税務司接辦并妥籌章程(光緒十三年四月二十五日)

無非爲有裨
國計極費籌維然立法不厭精詳庶期盡臻美善
竊揆赫德之爲人大約類乎儀秦縱横一流才
幹甚敏心計甚深爲中國效力有年非無勞績
可觀而其意實欲兼攬各國之權互相挾持以
自重此舉增税則似乎利華得地則似乎利葡
移界據險布散徒黨於海面盡存税銀於匯豐
市德樹援於澳門則仍歸於利英而其實則總
歸於自利
朝廷駕馭羣才自必已灼見隱奥似宜量加限制
庶得其力而不受其欺伏思廣東爲中華海疆

第一道門户粤防弛則沿海皆爲兵衝粤力盡
則南洋更無可恃此事關涉重要臣等屢與司
道以下各官籌議無不同切隱憂
諭旨自不敢不遵而有關地方利害此舉未盡事宜
自亦不能不計臣等雖至愚極陋亦知共體時
艱斷不致爲粤省地方官與税司争權況無損
粤餉更何必爲粤省司局與税司争利特以中
外大防所繫苟有管蠡之見不敢不上達
宸聽誠恐他日流弊漸著悔不可追則臣等罪戾滋
重伏懇
聖明俯加權度敕下總理衙門户部詳核妥議請

八八九　兩廣總督張之洞奏折
新香六廠補抽貨厘事移交税務司接辦并妥籌章程(光緒十三年四月二十五日)

旨遵行大局幸甚粤省幸甚臣等荷
聖上高天厚地之恩受一方疆土人民之寄但願所
言之不驗不願
朝廷之有悔不勝惶悚屏營待
命之至謹合詞繕摺奏陳并將六廠地形繪圖貼説
恭呈
御覽伏祈
皇太后
皇上聖鑒謹
奏

八八九　兩廣總督張之洞奏折

新香六廠補抽貨厘事移交税務司接辦并妥籌章程(光緒十三年四月二十五日)

該衙門議奏片圖併發

光緒十三年四月二十五日

八九〇　兩廣總督張之洞奏折　廣東汲水門等六廠補抽貨厘宜盡收盡解(光緒十三年四月二十五日)

再汲水門等處六廠補抽貨釐現已歸併税司徵收前接總署來電云收得之款照舊分撥又據税司馬根面稱所收釐金暫存滙豐聽候提用各等語查釐金本無定額此項補抽貨釐開辦未及一年計自上年六月底七月初各廠先後開辦至本年二月底止此八箇月内共收銀約十萬兩初辦數月頗多周折觀望冬臘後收數逐漸增多所謂每年可收十數萬之説原係就現收數目按月約計而言至此後商情既孚規模既定必更日有增益事理昭然歲收或能增至二十萬以外亦未可知但以後之旺淡終

八九〇 兩廣總督張之洞奏折

廣東汲水門等六廠補抽貨厘宜盡收盡解(光緒十三年四月二十五日)

難臆料若定額徵若干則長收固不能作為贏
餘短收亦難責稅司賠繳似宜令該稅司儘徵
儘解所收釐金按月解交釐務局充用分別造
冊具報總理衙門暨兩廣總督粵海關監督衙
門查核可否請
旨敕下總理衙門飭知總稅司轉飭照辦至該六廠
開辦之由因粵省近年富商貿易群趨港澳大
宗貨物皆由輪船近海港汊民船復多繞越以
致內地釐金日形虧絀是以設法開辦新香海
口補抽原欲以海口之所長補內河之所短而
猶虞不足此乃通省正釐盈虛相抵並非閒款

可以存儲相應籲懇
天恩飭部毋庸指款提撥庶無窒礙再該六廠所收
另有棉花棉紗豆子火柴火水油五項係抵補
省城坐賈釐金又有帶抽商捐巡緝經費貨物
數種向由各該廠就近帶收現在廠員既撤只
可亦併交稅司暫行代為試辦所收棉紗等五
項係應歸入省城坐賈之款所收巡緝經費更
係另案商捐
奏明專款待支之項發交釐則章程內已經聲敘
明晰皆不在每年十數萬正釐之內合併聲明
至於收數稅司有册可稽臣等當飭司局併入

八九〇　兩廣總督張之洞奏折

廣東汲水門等六廠補抽貨厘宜盡收盡解(光緒十三年四月二十五日)

粵省原有補抽貨釐照案分晰造報以備稽核
據釐務局司道具詳請
奏前來臣等覆核無異謹附片陳明伏祈
聖鑒謹
奏
覽

八九一　總理衙門致海關總税務司赫德信函
税務司試收粵省六廠華船常税
(光緒十三年四月三十日)

照録給赫德信

逕啟者粵省六廠徵收華船常税一事本總辦現奉堂諭此項税釐統歸税司一手經理閣下曾云每年可收五十餘萬兩之數本衙門堂憲曾將此事與醇王爺商議醇王爺之意以為此數較之粵海關監督所稱歲收四十五六萬兩之數目有盈無絀具見實心任事殊深欣慰如果閣下確有把握即擬統交税司試辦一年再行定章若一年期滿所收不及五十餘萬兩之數或定章後無論何年有收數減少情事即須仍歸粵海關監督經理庶該處一切支項不虞

八九一 總理衙門致海關總税務司赫德信函
税務司試收粵省六廠華船常税
(光緒十三年四月三十日)

短缺即希明晰見覆以便回堂定奪爲盼

八九二　兩廣總督張之洞奏折

報告粵海關潮州關征收正半各稅銀
（光緒十三年閏四月初四日）

廣東巡撫臣吳大澂
兩廣總督臣張之洞
粵海關監督臣增潤　跪

奏為粵海潮州二關第一百五結徵收正稅並船
鈔土貨半稅各銀數開單
奏報仰祈
聖鑒事竊照前准戶部並總理各國事務衙門咨行
將各關稅按結酌提四成解部粵海關從第二
十三結起解又准戶部咨陝西省每月應撥協
餉銀一萬兩嗣准部咨自光緒十二年正月起
改為籌邊軍餉又內務府造辦處按季籌辦赤
金各五百兩抵還閩省借款自光緒二年正月
起每結撥銀六千兩光緒十二年五月間接准

八九二　兩廣總督張之洞奏折

報告粤海關潮州關征收正半各税銀
(光緒十三年閏四月初四日)

部咨各關應解抵閩京餉改爲加放俸餉光緒
元年十月間部議籌辦海防餉需案内粤海關
應提四成洋税自光緒元年七月起按結分解
南北洋大臣兑收應用嗣准部咨四成洋税自
光緒二年七月爲始以一半批解北洋海防以
一半解部抵還西征餉銀二百萬兩之款光緒
四年五月間又准部咨撥解北洋經費截至光
緒三年年底止其光緒四年起應解南北洋經
費遵照奏案核數分解等因奉
旨該衙門知道欽此咨行遵照光緒十二年二月間
承准總理海軍事務衙門咨將南北洋海防經

八九二　兩廣總督張之洞奏折

報告粵海關潮州關征收正半各税銀
(光緒十三年閏四月初四日)

費撥歸海軍衙門作爲常年餉需經費之用所有同治五年二月十六日起至光緒十二年九月初三日止粵海潮州二關第二十三結至一百四結徵解銀數歷經按結奏報光緒十年四月間准户部咨本部會議各海關洋税奏銷辦理未能畫一應令遵照定章一律開單奏報一摺光緒十年二月二十五日具奏本日奉
旨依議欽此咨行到粵歷經欽遵辦理各在案兹自光緒十二年九月初四日起至十二月初七日止計三箇月爲第一百五結粵海潮州二關徵收正税洋藥税共銀四十四萬八千二百五十

八九二　兩廣總督張之洞奏折

報告粵海關潮州關征收正半各税銀（光緒十三年閏四月初四日）

九兩七分五釐核計四成銀一十七萬九千三百三兩六錢三分除撥解光緒十二年二月三月四月籌邊軍餉共銀三萬兩辦解内務府十二年冬季分赤金價銀九千二百五十兩造辦處十二年冬季分赤金價銀九千二百五十兩抵還閩省借款解京改放俸餉銀六千兩外實存四成銀一十二萬四千八百三兩六錢三分又本屆第一百五結期内粵海潮州二關徵收船鈔土貨半税招商局輪船貨税土貨半税及粵海大關子口税招商局輪船船鈔暨潮州新關徵收招商局輪船洋藥税各項共銀八萬一

八九二　兩廣總督張之洞奏折

報告粵海關潮州關征收正半各税銀
(光緒十三年閏四月初四日)

千二百二十八兩四錢五分五釐至粵海大關
招商局輪船洋藥税潮州新關子口税潮州新
關招商局輪船船鈔本屆並無徵收所有粵海
潮州二關第一百五結徵收正税及船鈔子口
税洋藥税土貨半税各緣由除咨總理衙門暨
户部外臣等謹繕列清單會同通商大臣兩江
總督臣曾國荃恭摺具陳伏祈
皇太后
皇上聖鑒謹
奏

該衙門知道單併發

八九二　兩廣總督張之洞奏折
報告粤海關潮州關征收正半各税銀
(光緒十三年閏四月初四日)

光緒十三年閏四月　初四　日

八九三　粤海關監督增潤奏折

報告粤海關辦貢次數用銀數目
(光緒十三年五月二十五日)

二品銜粤海關監督奴才增潤跪

奏爲遵
旨詳細覆奏仰祈
聖鑒事。竊奴才於光緒十三年五月十一日承准軍機
大臣字寄，光緒十三年閏四月十四日奉
上諭：粤海關向有呈進貢物，每年呈進幾次，約共用
銀若干，着增潤即將實在數目詳細覆奏。將此諭
令知之。欽此。等因遵
旨傳諭前來。奴才當即欽遵辦理。謹查奴才於上年六月
二十五日抵任，於十月恭逢
皇太后萬壽，進年貢一併呈進品物，約共用銀八萬餘

八九三　粵海關監督增潤奏折
報告粵海關辦貢次數用銀數目
(光緒十三年五月二十五日)

兩本年端陽貢品約共用銀二萬五千餘兩現
擬六月間恭進
皇上萬壽貢品約共用銀二萬五千餘兩以上共呈
進貢物三次統共約用銀十三萬餘兩理合遵
旨詳細覆
奏伏乞
皇太后
皇上聖鑒謹
奏
另有旨
光緒十三年五月　二十五　日

八九四 總理衙門奏折 葡國使臣到京議約(光緒十三年六月二十二日)

再臣衙門因開辦洋藥稅釐併徵一案，密飭赫德派稅務司金登幹往葡萄牙國商量辦法，擬就草約四條，即由金登幹在彼畫押，並照會英國使臣轉致葡國派使來華議約。於本年二月二十三日具奏在案。茲於五月二十五日准該國使臣羅沙照稱奉該國主之命來華議約，旋於二十九日來臣衙門拜晤臣等，照章款接，即於六月十一日答拜。所有葡國使臣到京議約緣由，理合附片具陳。謹

八九四　總理衙門奏折　葡國使臣到京議約（光緒十三年六月二十二日）

奏
知道了

八九五　兩廣總督張之洞致總理衙門電報

洋藥稅稽征全在香港與駐澳葡人無關（光緒十三年七月初九日）

粵督來電　同日　此件未進

澳門事，委員隨香山縣、廣州府等查覆：圍墻內爲租
界，圍墻外關閘內爲民地，歷年葡人漸圖侵佔墻外
地，至今居民相持不從。閘內七村，旺廈村有田四頃，要赴
縣完糧，三十餘頃，餘就田就環塔石碁開割，橋梨既六
村依山僻居，無田無糧。葡人沿街設燈，藉燈費又編牌
勒租，燈費多勉捐，租或交或否，旺廈全村燈費租
錢均不交。至詞訟仍歸香山縣。龍環即租界內口
角錢財細故，葡人就近處息；人命及列重案，或
縣票差赴澳傳訊，或由葡官送歸香山縣訊辦。肖

八九五 兩廣總督張之洞致總理衙門電報

洋藥税稽征全在香港與駐澳葡人無關(光緒十三年七月初九日)

票可增。民聞屬葡，多不願。旺廈户窮丁多，尤不甘。詳議各節，並據各員分詳查海道商情。洋藥向由外洋輪運商港，由港分運各口。澳門與各口同，從無洋船徑裝至澳門拆卸。在港若認真，各埠各口均無偷漏，與葡無涉。港若漏，於葡亦無稅務。擬此關設在我地，並非租界，其稽徵與葡無涉。算從前議本為葡人協查洋藥稅，今確查此為利藪，全在香港，葡人於藥稅並無為力

八九五　兩廣總督張之洞致總理衙門電報

洋藥稅稽征全在香港與駐澳葡人無關（光緒十三年七月初九日）

之處此約當謂為查後定比界等事一切悉仍
其舊年餘後體察徵收旺衰協查真有功再
議稅穩外洋華議約稽之數年將定煙台約再澄
大澂擬日內赴澳門一帶確查界址民情並洋
藥稅餉實情再奉達之洞大澂同肅佳

八九六 總理衙門奏折

議復廣東新香六廠補抽貨厘移交税務司接辦(光緒十三年七月初十日)

總理各國事務王大臣慶郡王奕劻等跪

奏為遵
旨會議具奏事光緒十三年閏四月二十四日軍機
處鈔交兩廣總督張之洞廣東巡撫吳大澂奏
新香六廠補抽貨釐移交稅司接辦豫防流弊
請籌妥善章程一摺二十三日奉
硃批該衙門議奏片圖併發欽此查原奏內稱代抽
稅釐一節隱患不可不杜流弊不可不防此後
室礙各節曰踰險曰混界曰侵權曰擾民曰有
礙海防曰虛誑不實曰要挾無已為今之計宜
熟籌盡利防弊之法約有數端懇

八九六 總理衙門奏折 議復廣東新香六廠補抽貨厘移交税務司接辦(光緒十三年七月初十日)

敕下總理衙門户部詳覈妥議等語臣等公同詳閱
竊以餉需所出利弊原易於相因政令既頒朝
暮亦難於屢改洋藥併徵辦法籌議逾十年之
久節節推求知非在香澳附近地方設關不能
扼緝私之要非將六廠貨釐華税併交新設二
關經理不能括緝私之全上年請
敕派邵友濂與總税務司赫德前赴香港會議並沿
途體訪一切情形併徵之議始定旋因開辦在
即香澳既已新設税司所有該處原設六廠每
年抽收華商百貨釐金應統由税司經理以省
糜費而一事權於本年二月具奏附陳在案復

八九六　總理衙門奏折　議復廣東新香六廠補抽貨厘移交稅務司接辦（光緒十三年七月初十日）

因貨釐貨稅地在一隅辦宜一律而又稔聞吏胥之積習商販之圖私影射頗多稽查非易並據赫德申稱若飭稅司經理收數必有起色是以通盤籌計不若將經過該廠華船應完之稅釐兩項均責成該關稅司代收仍令將所收各款儘數分解總督監督以供該省向來待用之需冀可有增無減一面飭赫德擬議章程一面與粤省函電詢商各節疊經隨時上達

宸聰仰蒙

俞允此代收稅釐一事臣等審度再三初非敢輕率辦理之原委也今該督等臚舉窒礙及籌辦諸

八九六　總理衙門奏折

議復廣東新香六廠補抽貨厘移交税務司接辦（光緒十三年七月初十日）

條思患豫防語長心重該督等身任地方誠有
當言之責然遠慮不可稍疏而成見亦不容豫
設臣等謹就原奏所陳悉心商酌逐條覈議其
熟籌辦法諸條大致以試辦限期一年各廠添
設華官巡船管帶管駕仍用中國員弁爲最要
查華船貨税並交税司代收初議本令試辦一
年再行定章而赫德以爲事關創辦一切難以
遽定堅請三年爲期三年中某年減少無效即
仍歸監督經理等語臣等竊思初辦之年商情
不無觀望防弊或未周密必待歷時稍久乃能
確有規模況赫德既稱三年内某年無效即可

八九六　總理衙門奏折

議復廣東新香六廠補抽貨厘移交稅務司接辦(光緒十三年七月初十日)

改圖本非一成不變之局若限以試辦一年為期較促應於二三年間隨時察度情形以為操縱無庸先與議定添設華官一節赫德之意以為非虛糜薪費即恐多掣肘但查廣東之潮海瓊海北海三關洋稅歸稅司經理常稅歸總督監督會委之員經理九龍拱北兩關雖係新設而常稅洋稅併收酌派委員一人未始不可與稅司相助為理且可責成該委員將收項隨時分別報解應令該省總督會商監督酌委賢員前往妥實辦理除應得薪水外不得有絲毫需索巡船管帶管駕該督謂宜用中國員弁由粤

八九六　總理衙門奏折

議復廣東新香六廠補抽貨厘移交税務司接辦(光緒十三年七月初十日)

省派委歸總税司調遣考察如有不力及舞弊者准該税司申報總督立時撤參更换據赫德稟稱廣東巡船向聞有走私保私等弊恐新章開辦之初員弁設不得力撤參更换貽誤已多莫若由伊派委可專責成臣等查此項新設巡輪北自牛莊南至瓊州東自臺灣西至宜昌均與各該口監督税司會同防緝闗繫匪輕應令總税司選擇妥確可靠之管帶管駕不拘華人洋人均報明該口監督會銜委派知照各關庶税司無攬權之嫌而亦不得以任用非人藉口他如聲明代收内地税釐所辦係民船華商之事

八九六　總理衙門奏折

議復廣東新香六廠補抽貨厘移交税務司接辦(光緒十三年七月初十日)

此六廠地方照舊歸督撫兼轄又新設之兩關遇有曉諭商民事件税司不得徑自單銜出示又體制文移照各海關通例申報總督照會監督以及九龍拱北宜稱粤地不得稱香澳附地又新設海江防私巡緝税務司今删去江海防字樣稱爲管帶緝私船税務司等節或循守舊章或改定名目與現在辦法無礙應飭税司遵照至謂徵銀不宜交香港銀行税司住屋必用中國舊式他處税釐不得援例推廣則尚未知新香新設之關左近並無官設銀號款雖隨收隨解非有暫存之所何從安放税司所居房屋

洋式華式任聽其便各關向不查問他處税釐
援照與否其權在我税司何得妄干此皆不免
為過慮之詞非盡屬平情之論也其所指隱患
各端除藥膏税釐應較藥土加重一節現查土
藥價值各省不同已飭赫德另議妥章務使土
之與膏成本相當不致畸重畸輕以杜商民趨
避俟有定議即通行各關照辦外餘如踰險混
界侵權擾民各節大率防微杜漸用意甚深而
揆之情勢不盡切合應請毋庸置議另片請令
税司將六廠代收之項儘徵儘解按月解交臣
等早已劄飭遵行至謂此項並非閒款可以存

八九六　總理衙門奏折

議復廣東新香六廠補抽貨厘移交税務司接辦(光緒十三年七月初十日)

儲懸請

飭部毋庸提撥所收棉紗等五項係應歸入省城坐賈之款巡緝經費更係另案商捐奏明專款待支之項等語户部查該省六廠補抽貨釐及另收之綿紗等五項釐金從前並未報部有案無憑查覈今據聲稱六廠貨釐自上年六七月間先後開辦八箇月内收銀約十萬兩此後歲收或能增至二十萬兩以外所收綿紗等五項係抵補省城坐賈釐金自應由該督撫知照税務司照舊抽收均應另存候撥其未交税務司代辦之前究竟抽收若干應令補行造報再由户

八九六　總理衙門奏折

議復廣東新香六廠補抽貨厘移交税務司接辦(光緒十三年七月初十日)

部覈定至巡緝經費一項上年六月間據兩廣
總督等奏勸令各行量力捐助巡緝經費省城
設立公所派員督同紳董籌辦等因並未指明
六廠抽收之款茲稱該廠代抽商捐貨物數種
究係何項貨物每年可收銀兩若干亦應詳細
查明專案報部以憑稽覈總之臣等身際時艱
心殷
國計覩度支之告匱期涓滴之歸公不得已而籌
洋藥併徵不得已而推及於代收六廠釐稅無
非冀除一分中飽即增一滴餉源怨勞固所弗
辭意見亦何敢偏執追溯同治初年創設洋關

八九六　總理衙門奏折

議復廣東新香六廠補抽貨厘移交税務司接辦(光緒十三年七月初十日)

之始聞亦浮議紛騰謂授權外人弊多利少迨
後税數逐歲加增乃無異議今併徵所入與夫
六廠代收釐税究竟統數能增幾何原亦未能
逆料惟既疊經籌議上稟
聖裁自無中止之理設或試辦期内不拘何時覺有
弊端果形窒礙即當恪遵前奉
諭旨立圖通變之方仍革因循之習亦不得徒以復
歸舊制爲言致蹈從前積弊此又臣等所時時
警惕而未敢稍存遷就者也所有臣等遵
旨會議緣由理合恭摺具
奏是否有當伏乞

皇太后
皇上聖鑒訓示再此摺係總理衙門主稿會同户部
辦理合併聲明謹
奏
依議
光緒十三年七月初十日
總理各國事務多羅慶郡王臣奕劻
革職留任大學士管理户部事務臣閻敬銘

八九六　總理衙門奏折

議復廣東新香六廠補抽貨厘移交税務司接辦（光緒十三年七月初十日）

革職留任協辦大學士戶部尚書臣宗室福錕

吏部尚書臣錫珍

軍機大臣署兵部尚書刑部右侍郎臣許庚身

戶部右侍郎一等毅勇侯臣曾紀澤

禮部右侍郎兼署刑部右侍郎臣續昌　感冒

兵部左侍郎臣廖壽恒

軍機大臣工部左侍郎臣孫毓汶

工部右侍郎臣徐用儀

署刑部右侍郎內閣學士兼禮部侍郎銜臣沈秉成

鴻臚寺少卿臣鄧承修　差

八九六　總理衙門奏折

議復廣東新香六廠補抽貨厘移交稅務司接辦(光緒十三年七月初十日)

戶部尚書革職留任臣翁同龢

戶部左侍郎革職留任臣嵩申進庫

戶部左侍郎革職留任臣孫詒經

戶部右侍郎臣熙敬感冒

八九七　兩廣總督張之洞奏折

粵港緝匪緊要擬與英使妥商開通河道(光緒十三年七月二十三日)

[illegible]機處

奏○之洞

緝匪緊要擬與英使妥商交解辦法由

另摺交總署

七月二十三日

兩廣總督臣張之洞跪

奏為粵省緝匪緊要香港諸多阻礙擬與英使妥

商交解辦法暨開河道口門以資抵制仰祈

聖鑒事竊查廣東省由黃埔入省有水路兩支北曰魚珠

南曰沙路上年辦理海防用船石橋樁將沙路

支塞斷船隻出入統由北支全力防此備要易禦

八九七　兩廣總督張之洞奏折

粵港緝匪緊要擬與英使妥商開通河道（光緒十三年七月二十三日）

自防務緊要各國使臣領事屢請開通沙
路迭經臣　奏請
敕下
總理衙門立案不可曲從誠以粵　防係關不得
不肯破成局以致淤沙漸增用固吾圉也年
來在粵領事仍紛紛陳請各國使臣　亦與總署曉
瀆以洋船不能直達省河洋商受累爲辭務請
開通沙路以利船商經總理衙門與英國公使堅
持數年以來極費唇舌不與通融而彼族仍紛
紜不已上年七月接總署來函除以兩年內之
饒舌不能置之不理爲懷柔日臣深思熟計之竟

八九七　兩廣總督張之洞奏折

粵港緝匪緊要擬與英使妥商開通河道(光緒十三年七月二十三日)

本年閏經詳細聲覆並以傳燊情形繪圖
會商如何籌善法再為籌議奉辦等情遵查
臣查案誠恐辟來難保不藉端要求所以不可不籌
一極制之法以為量予疏通之計查沙路揖河
共有三股一在西北尾一在長洲後一在海心岡
三處以長洲之橋為最固計長二百五十餘丈
純用大洋木梁閱之尤甚易之患不啻已將
來擬擇中央水深處開通口門十五丈兩傍
加椿各兩排中納石塊日久自然填實可漸臻
鞏固至於有事時填塞口門應候臨時籌辦料

八九七　兩廣總督張之洞奏折

粤港緝匪緊要擬與英使妥商開通河道(光緒十三年七月二十三日)

理其餘四沙尾海心岡門要亦可倣此辦法推
是以當日捐款疏通費盡心力不辭巨費始克
功成今為利便洋船許其開通於彼亦必有利便
於我亦求與對易方服以允查年來粵省洋[illegible]
盜匪所有著名大憝皆以香港為逋逃藪向來
到港提犯洋多為難須有事主眼證南堂發
訊情節口供俱有參差犯之狀師即為開脫每
提一犯須用狀師各費數千金猶不能必其交解
實為條約所無近日歷匪愈多窒礙尤甚擬請
旨敕下總理衙門與英使妥商議立專條嗣後交犯

八九七　兩廣總督張之洞奏折

粵港緝匪緊要擬與英使妥商開通河道(光緒十三年七月二十三日)

擬咨兩廣督臣分文為憑文到即行交辦無須
另立質證不得藉端刁難彼如允從即許以灣
權稽將沙路開通彼得收利英商之益而我收
澄清盜藪之功似尚可以相敵至於河道一節
勉從其請略加變通於目前戢匪安民不為不
無裨益理合繕摺具陳伏祈
皇太后
皇上聖鑒謹
奏
光緒十三年七月二十三日奉

八九七　兩廣總督張之洞奏折

粵港緝匪緊要擬與英使妥商開通河道（光緒十三年七月二十三日）

硃批該衙門知道欽此

八九八　兩廣總督張之洞奏折

澳界糾葛太多葡國新約必宜緩定

（光緒十三年七月二十八日）

兩廣總督臣張之洞跪

奏為查明澳門葡人舊租之界及新占之界膠葛

太多葡人於協助洋藥稽徵並無大益請

旨飭籌妥辦以防窒礙而免枝節披瀝再陳仰祈

聖鑒事竊惟中國與葡萄牙議立新約一事臣於三

月內承准總理各國事務衙門來咨當經臣暨

撫臣吳大澂各抒所見奏請從緩定約奉

硃批該衙門知道欽此六月間疊准總署來電查詢

澳地關閘以內華民詞訟案件是否仍歸地方

官審理旺厦村等處田糧每年實徵若干歸葡

人收租者若干等因當經密委廣州府知府孫

八九八　兩廣總督張之洞奏折

澳界糾葛太多葡國新約必宜緩定
（光緒十三年七月二十八日）

揖候補知府富純署香山縣知縣張文翰前署
香山縣知縣蕭丙堃候補知縣蔡國楨等分別
確查旋據查明七村訟案錢糧仍歸香山縣管
理並查明洋藥來華分運實與澳門無涉業經
據稟電復並分別咨達函達總署商辦在案撫
臣於七月十六七八等日親赴澳門水陸一帶
履勘目擊情形旋省後與臣反覆籌商大率澳
門一帶有葡人原租之界有三十餘年久占之
界有十餘年來新占之界有近數年圖占未得
之界區別甚多實非一致現當立約之際彼必
將含混貪求若使稍不詳審則遠慮近憂處處

八九八　兩廣總督張之洞奏折

澳界糾葛太多葡國新約必宜緩定
（光緒十三年七月二十八日）

辣手除前奏所陳可慮七條之外敬敢縷晰再
為我
皇太后
皇上陳之查旺厦一村歲完糧銀糧米共銀三十餘
兩其餘沙岡新橋沙梨頭龍環龍田塔石等六
村依山而居並無田糧葡人先於各處强設路
燈藉收燈費漸向各村强編門牌勒收地租旺
厦村全不交納龍環塔石兩村不繳者十之六
至詞訟案件其口角錢債細故或由葡人就近
處理若人命重案仍歸香山縣控告辦理甚至
圍牆以内遇有重案往往由洋官照會香山縣

八九八　兩廣總督張之洞奏折

澳界糾葛太多葡國新約必宜緩定
(光緒十三年七月二十八日)

歸案審辦此皆咸豐同治光緒年間之案均有
案牘可稽是澳門一島牆内土地人民歷年並
未專歸葡人管轄牆外可知屢次紳民呈詞深
以入洋籍輸夷賦為恥情詞憤激不約而同上
年葡人勒收租鈔旺厦村民鳴鑼拒之立即遁
去强者固抗不完交弱者亦從違各半此次撫
臣到澳接見各村各島居民男婦老幼萬餘人
相率環觀咸頌
皇仁歡呼感泣察此情形若明歸葡屬各村各島斷
不甘心此民不服葡一也關閘乃前明所設以
其地勢險仄設守於此

八九八　兩廣總督張之洞奏折

澳界糾葛太多葡國新約必宜緩定
(光緒十三年七月二十八日)

國朝因之關閘以南圍牆以北七村仍是我疆並非將關南之地皆予葡人道光季年以來逐漸混占修路築臺直抵關閘且藉設燈救火諸事勒向海中諸島收繳燈費地租建造洋房數間於大拔島迤西之山尾當十字門内築一礮臺又至澳西隔海灣仔銀坑等處勒收船租地租民拒不繳今若立約彼必將關閘内七村及潭仔過路環諸島攘為已有甚至隔海灣仔銀坑一帶皆生希冀此貪得無厭二也澳門之南山島對列内外兩重名為十字門内重左山名大拔島其有村落可泊船處名潭仔右山名小横

八九八　兩廣總督張之洞奏折
澳界糾葛太多葡國新約必宜緩定
(光緒十三年七月二十八日)

琴島外重左山名九澳右山名大横琴島其有村落處名過路環其島大於澳門六倍譚仔居民約二百户漁船極多丁口四千餘過路環居民約百户丁口二千餘餘兩島居人甚少查高廉雷瓊四府民船來往之路正在澳門之南潭仔過路環之北其過路環之外即係大洋輪船可行民船難行若澳門屬葡彼必兼索兩島兩島屬葡則粤省西四府民船皆須穿過葡境是將西路自行阻塞此海道有礙三也澳門北面陸路一綫與内地相連長約二里寬僅百步名曰蓮花莖恰肖其形關閘即扼其上葡人久蓄

八九八　兩廣總督張之洞奏折

澳界糾葛太多葡國新約必宜緩定

（光緒十三年七月二十八日）

詭謀欲將蓮花莖西面一帶填平直接前山寨同知治所岸外計向澳門西北展出之地長約九里半寬約二里半如此則所占更出關閘以外不惟貪妄無理而且險要全失此次撫臣到彼稅司法來格呈出一圖畫有紅綫縱横數十道皆葡人現擬填占之界實可駭異此奪我險要四也

朝廷所以允以澳予葡者爲其協查洋藥稅釐也今據委員等確查稟稱洋藥自海外入中華皆徑到香港分運各口從無徑運澳門卸貨之船是稽察之關鍵在港不在澳葡人即包攬走私

澳門一隅所銷有限尚可於澳外水陸兩途分
防嚴緝查英國助我稽查洋藥現屬試辦並非
一定不易之法萬一三數年後章程變改香港
不能嚴查澳更無能為功此得之無名五也不
惟此也稅司法來格向委員知府蔡錫勇言現
因潭仔過路環兩處及十字門一帶海面葡人
妄謂係葡之海界以致我之緝私諸多不便等
語現在已經妄占作梗若立約屬葡其阻礙自
必更甚不惟洋盜鹽梟內地出洋各匪無從捕
截即以洋藥論不惟無益於緝私而且正有害
於緝私此求益反損六也英國圖澳之意已久

八九八　兩廣總督張之洞奏折

澳界糾葛太多葡國新約必宜緩定
(光緒十三年七月二十八日)

嘉慶十三年曾有兵船占踞澳門礮臺謀奪葡利之案經奏
旨用兵驅逐而後去英得香港後此意乃息今若以澳予葡他國已難免覬覦且此議倡自英人恐英尤必設法攘之查葡欠外國借款現已五千三百餘萬榜將來或折債抵換或通融借用俱在意中港澳通連水陸受敵粵省海防何堪設想此徒資强敵七也從前商口未開洋舶入華皆在澳門停泊葡人獨據互市之利故有奏准設立商船二十五隻自英得香港立為馬頭澳門貿易頓減商船並無一存租界內之洋房大半

八九八　兩廣總督張之洞奏折
澳界糾葛太多葡國新約必宜緩定
（光緒十三年七月二十八日）

現皆賣與華紳華商為業近數年澳門既失閘
姓之利葡人益形貧窘每年入不敷出養兵止
四百名各臺皆係前膛舊礮經費猶患不足於
是勒索附近華民鈔費華船漁租民多不從若
視為屬地强行制縛苛斂駐厦諸村及潭仔諸
島居民累萬必與葡人為難葡人必受重創一
經決裂轉難收拾此別生枝節八也伏查澳門
一區久為粤省肘腋之患自道光咸豐以來洋
務紛紜内患未靖無暇議及彼遂蒙混多占得
步進步乃歷來無人禁制非果葡之强盛不能
禁制也臣到粤後即首將闈姓之利收回上年

商貿檔案

八九八 兩廣總督張之洞奏折

澳界糾葛太多葡國新約必宜緩定
（光緒十三年七月二十八日）

春聞臣據旺厦村紳民呈稟即經密札印委各員疊次密查一面照會葡官禁阻一面繪具地圖考核葡人虛實兵食商務情形並每年粤省接濟澳門米穀若干經由河道以為清理防遏之計並於紫泥關設卡稽查走私蠶繭以免土絲之利歸入澳門疊經咨關行司飭局籌議有案然非籌定辦法奏奉

諭旨不敢輕易發難其時以東西兩省越邊界務未竣未便同時並舉擬俟越界既定即當奏陳先已於本年三月內咨達總署密籌辦法嗣接到立約明文隨即通籌利害條列具奏今復加詳

八九八　兩廣總督張之洞奏折

澳界糾葛太多葡國新約必宜緩定
(光緒十三年七月二十八日)

查民情之憤後患之深如彼於藥徵之無益有
害又如此竊謂詳約總宜緩定俟年餘後體察
藥徵旺淡究竟若何再行請
旨定奪如彼非理要求或竟作為罷論七月十三日
復准總署來電慮及此後更有侵占及轉屬他
國兩節令熟籌杜之之法所慮誠關緊要臣熟
加籌度若杜絶侵占一節其圍牆以外關閘以
内葡人所有已成之馬路洋墳花園似可聽其
自然不必折毀至於牆外閘内之兵房礮臺如
能收迴固善即聽其存留亦尚無大礙至於七
村民居民田總當劃清界址竪立碑石已占者

八九八　兩廣總督張之洞奏折
澳界糾葛太多葡國新約必宜緩定
(光緒十三年七月二十八日)

仍作為租界既經免其租銀或作為借居之界
未占者作為官界不得踰越其澳門本島以外
之潭仔過路環兩處必與理論雖有修成礮臺
洋房石路塔燈等工或酌給修費與之贖回或
已占者准其暫行租居酌定年限獨近過潭仔
正當十字門之礮臺必應歸我未占者我亦安
營設汛以資鈐制應俟臨時相機妥籌斷不容
其占有諸島其灣仔銀坑一帶與澳隔海與香
山縣土地相連斷不准其覬覦至蓮花莖以西
填地遠過關閘直接前山之詭謀則豫為揭明
禁止絕其妄想青洲一墩自前明已建洋寺為

八九八 兩廣總督張之洞奏折
澳界糾葛太多葡國新約必宜緩定
(光緒十三年七月二十八日)

地甚小應議明不准填地連接總之除原租圍
牆以内之地仍舊聽其居住外已侵占者明示
限制察其於我有無大礙分別租給收回未侵
占者力爲劃清嚴加防範其海面按照公法與
之議明不容擅占以後只須責成地方文武隨
時認真稽查並派兵輪常往巡哨督撫提臣每
季一巡即不致再有侵占儻蒙
朝廷主持總署定之於内疆臣必當守之於外即
如俄法强國邊界既經勘定亦必期永遠循守
何況於葡蓋清理從前之侵占則須分別酌辦
若杜絕以後之再加侵占粤省之力尚可辦到

八九八　兩廣總督張之洞奏折

澳界糾葛太多葡國新約必宜緩定
(光緒十三年七月二十八日)

亦斷不至因此致生衅端者也至轉屬他國一節既已屬葡則彼可自主若仍爲華地即與沿海各省地面無異中國威力遠勝葡人他國非有意外開衅決不能憑空盗據似可布告各國聲明免其租銀借與永遠居住以示地主有屬譬如賃屋假館之客固不敢轉贈他人即他人亦不能强行估買防維較易爲力若既已正推解之名又欲施控制之計竊恐更費周折矣是欲杜轉屬之弊尚不如仍舊之爲愈也總之澳無田地其米糧皆係由香山縣石岐等處接濟並違禁私運出洋澳販恃爲大利若米船數日

八九八　兩廣總督張之洞奏折　澳界糾葛太多葡國新約必宜緩定（光緒十三年七月二十八日）

不到立形困窘葡無商利專恃勒抽華民以資
用度入不敷出每年僅解繳該國銀二萬餘兩
已形竭蹶葡無駐澳兵船僅有租來他國兵船
一號泊於海中餘有小巡輪數隻而已其陸路
礮舊兵單迥非他國洋兵之比以彼貧弱如此
我並不加驅逐彼原租者聽其安居久占者量
加區別新占者設法清理未占者明文杜絕彼
方當深感
聖朝恬冒之仁斷不至與中國啟衅竊惟此次藥徵
改章赫德所自任者不過歲增二百萬澳門一
路協助之益已屬無多若澳爲葡有已屬得不

八九八 兩廣總督張之洞奏折

澳界糾葛太多葡國新約必宜緩定

（光緒十三年七月二十八日）

償失況協助未必得力乎至總署來電慮及葡
使坐待一節該使之意蓋恐非常之惠遲則生
悔又恐中國察知洋藥之效於彼無功則事將
中變以故亟於請盟彼利在急則我利在緩可
知煙台之約遲十年而後行澳門之約豈能責
我數月而遽定伏望
聖明垂察將臣前奏並此次所奏各節
敕下總理衙門妥籌詳議緩與立約免致民情梗阻
別生枝節粵省幸甚謹將澳門一帶訟案錢糧
葡人租銀人數繕列清單並繪具澳門附近水
陸詳圖照繪葡人意圖填占原綫恭呈

八九八　兩廣總督張之洞奏折

澳界糾葛太多葡國新約必宜緩定

(光緒十三年七月二十八日)

御覽所有澳陳澳界膠葛太多澳約必宜緩定各緣

由理合恭摺奏陳伏祈

皇太后

皇上聖鑒謹

奏

該衙門知道單圖併發

光緒十三年七月　二十八　日

附件　澳門詞訟案及田糧數目清單（光緒十三年七月二十八日）

謹將澳門詞訟案由錢糧數目葡人租銀人數

敬繕清單恭呈

御覽

計開

詞訟

一咸豐十一年十月西洋理事官獲解致死鄒

亞倖凶犯陸亞梆移請審辦一案

一同治元年七月西洋理事官獲解致死有孕

媳婦及孫二命凶犯冼開和移請審辦一案

又西洋理事官獲解將其養女推壓入海淹

斃犯婦樊蘇氏移請審辦一案

附件　澳門詞訟案及田糧數目清單（光緒十三年七月二十八日）

一光緒八年十月黄祺呈控吴遜如貪租背約一案

又梁騰芳呈控蕭啓琛抄搶貨物一案

一光緒十二年八月吴逢昌呈控郭宏章串夷抄搶一案

又黄朝輝呈控何怡翰私項串跳一案

田糧

一仁一圖末甲僧建城共稅三頃七十七畝八分五釐一毫（內稅一頃五畝在旺厦村餘在界涌左右）額征銀一十二兩三錢三分米一石八斗六升八合

又僧慶壽共稅六畝三分零九毫額征銀二

錢八分米三升三合

一番一圖末甲張保和共稅七十五畝零二釐

二毫(內稅三十餘畝在旺厦村)額征銀一兩零四分米一

斗一升八合補升銀一兩五錢六分米六斗

一升四合

又胡徐亮共稅三十六畝一分九釐一毫額

征銀一兩零八分米一斗四升

一良二圖八甲李承蔭共稅五十五畝零二釐

五毫(俱在旺厦村)額征銀一兩六錢二分米一斗

五升二合

一良五圖一甲沈大任共稅三十八畝二分九

釐額征銀一兩二錢五分米一斗八升

一良七圖四甲何大昌共稅一頃四十二畝三分九釐九毫額征銀三兩六錢八分米四斗四升八合

以上兆柱共征銀二十二兩八錢四分米三石五斗五升三合銀米合計共銀三十餘兩

一旺厦村鋪戶民居蓮屋大小四百餘間壯丁千餘人田四頃零不繳租鈔（此外各村概無田畝）

一龍田村鋪戶民居大小七八十家壯丁百餘人龍環村鋪戶民居大小三四十家壯丁七

八十人約半繳租鈔每戶自半元起至三元
止不等
一水坑尾除進教圍外鋪戶民居蓬屋七十餘
家壯丁二三十人塔石村除進教圍外鋪戶
民居蓬屋四五十家壯丁七八十人每年約
繳公鈔及街燈費共銀三百元
一沙梨頭村鋪戶二十餘家民居三百餘家壯
丁四五百人每年約繳公鈔及綠衣街燈等
費共銀一千餘元
一沙岡村鋪戶船廠灰鑪六十餘家民居蓬屋
三百餘家壯丁百餘人每年約繳公鈔及綠

衣街燈等費共銀一千餘元

一新橋村鋪户二十餘家民居二百餘家壯丁二三百人每年約繳公鈔及緣衣街燈等費共銀一千餘元

一三巴門外石牆街鋪户三十餘家民居一百餘家每年約繳公鈔街燈費共銀一千餘元

一潭仔鋪户船廠六十餘家民居蓬屋一百餘家壯丁二三千人每年約繳緣衣街燈等費共銀一千餘元葡人勒收地租丁口租每人半元遇有紅白事又勒繳租銀該處迄未照繳

一過路環鋪户船廠四十餘家民居百餘家每年約繳綠衣街燈等費共銀一千餘元未繳租鈔

又潭仔過路環約有拖船八百餘隻每隻寄泊一次收銀二元二角半每年約銀二千餘元

葡人於此二處派有陸路綠衣兵三十四名潭仔二十名過路環十四名又小輪渡船兩隻

查全澳鋪户民居並附近各村每年約共公鈔銀二萬四千餘元地租銀一萬二千餘元

計澳門各村各島丁壯約八千餘人男婦老幼合計約一萬數千人

又查葡人不及千名兵丁不及四百名唐人綠

衣不及百名兵船衹一艘另教民約二百名

覽

附件　澳門詞訟案及田糧數目清單（光緒十三年七月二十八日）

八九九 總理衙門進呈中葡通商和好條約文本(光緒十三年十月十五日)

謹將臣等與葡國使臣羅沙議定通商條款開
單恭呈
御覽
大清國
大皇帝
大西洋國
大君主兩國彼此友睦歷有三百餘年因願倍敦友
誼俾永相安曾於光緒十三年三月初二日在
大西洋國京都理斯波阿兩國派員會議節畧四
條茲欲訂立通商和好條約彼此遵守是以
大清國
大皇帝特派

八九九 總理衙門進呈中葡通商和好條約文本（光緒十三年十月十五日）

大西洋國
大君主特派
各將所奉便宜行事之
上諭公同較閱俱屬妥善特將議定條款開列於後
第一款
一
大清國
大皇帝
大西洋國
大君主兩國仍舊永遠敦篤友誼和好並兩國商民
人等彼此僑居皆全獲保護身家

第二款

一前在

大西洋國京都理斯波阿所訂豫立節畧內

大西洋國永居管理澳門之第二款

大清國仍允無異惟現經商定俟兩國派員妥為

會訂界址再行特立專約其未經定界以前一

切事宜俱照依現時情形勿動彼此均不得有

增減改變之事

第三款

一前在

大西洋國京都理斯波阿所訂豫立節畧內

大西洋國允准未經
大清國首肯則
大西洋國永不得將澳門讓與他國之第三款
大西洋國仍允無異

第四款

一

大西洋國堅允在澳門協助中國徵收由澳門出口運往中國各海口洋藥之稅釐其如何設法協助並助理久長一如英國在香港協助中國徵收由香港出口運往中國各海口洋藥之稅釐無異其應議協助章程之大旨今另定專約

八九九　總理衙門進呈中葡通商和好條約文本（光緒十三年十月十五日）

附於本約之後與本約一體遵行

第五款

一

大西洋國

大君主可派

欽差大臣各等員詣

大清國京都駐紮其

欽差大臣各等員並隨員眷屬人等可在

大清國京都或常行居住或隨時往來抑或在准

別國

欽差大臣所寓之處居住皆候奉本國

諭旨遵行
大清國亦可派
欽差大臣駐紮
大西洋京都理斯波阿或隨時到京亦欽候本國之
旨
第六款
大清國
大西洋國所派欽差大臣各等員於居住之處無不
按照情理以禮優待所有身家公所與各來往
公文書信等件皆不得被人擅動
第七款
一

大西洋國官員有公文照會
大清國官員均用
大西洋國字樣繕寫並繙譯漢文相連配送各以
具本國之字為憑
第八款
一將來兩國官員辦公人等因公往來各隨名
位高下准用平行之禮
大西洋國大憲與
大清國無論京內京外各大憲公文往來俱用
照會
大西洋國二等官員與

大清國省中大憲公文往來用申陳
大清國大憲用劄行兩國平等官員則照相並之
禮其商人及無爵位者赴訴俱用稟呈字樣

第九款

一

大西洋國
大君主可設立總領事官領事官副領事官委辦領
事官駐紮
大清國通商各口地方並如准別國在他處設立
領事官亦准
大西洋國設立該領事官職分權柄皆與別國領

事官所操行者無異無論何時别國領事官享
獲優免利益防損種種恩施
大西洋國領事官亦如
大清國相待最優之國領事官一律無異
大清國地方官於該領事等官均應以禮相待文
移往來均用平行之禮凡領事官署領事官與
道員同品副領事官署副領事官委辦領事官
及繙譯官與知府同品至所派之員必須西國
真正職官不得派商人作領事官一面又兼貿
易但不拘何口
大西洋國若未便設立領事官可暫請别國領事

官代為料理
大清國亦聽其便
第十款
一所有中國恩施防損或關涉通商行船之利益無論減少船鈔出口入口税項内地税項與及各種取益之處業經准給别國人民或將來准給者亦當立准
大西洋國人民惟中國如有與他國之益彼此立有如何施行專章
大西洋國既欲援他國之益使其人民同沾亦允於所議專章一體遵守

第十一款
一所有
大清國通商口岸均准
大西洋國商民人等眷屬居住貿易工作平安無
礙船隻隨時往來通商常川不輟其應得利益
均與
大清國相待最優之國無異
第十二款
一
大西洋國商人起卸貨物納税俱照咸豐八年各
國税則爲額總不能較他國有彼免此輸之別

以昭平允而免偏枯
第十三款
一游行往來卸貨下貨任從
大西洋國商人自雇小船撥運不論各項艇隻雇
價銀兩若干聽
大西洋國商人與船户自議不必官為經理亦不
得限定船數其船及挑夫人等亦不准人包攬
運送儻有走私漏税情弊查出該犯自應照律
懲辦
第十四款
一

大西洋國商民居住通商口岸任便雇覓諸色華
庶在中國裏執分内工藝
大清國官毫無限制禁阻唯不得違例雇覓前往
外洋
第十五款
一
大西洋國人民在中國地方如有被人欺淩擾害
大清國官憲自必時加保護令其身家財産得以
安全儻或被人搶奪放火燒燬房屋搶刦財物
者地方官即行設法派撥兵役彈壓查追並將
焚搶匪徒按照律例嚴辦

大清國人在
大西洋國所屬地方如有被人欺淩擾害
大西洋國官員亦照此一體辦理
第十六款
一
大西洋國商民在通商各口地方買地租地或租
房爲建造房屋設立棧房禮拜堂醫院墳墓均
按民價公平定議照給惟須查明無礙民居方
嚮由業主報明地方官者方可交易不得互相
勒掯至於内地各處並非通商口岸均議定不
得設立行棧

第十七款

一

大西洋國商人運貨赴通商口岸貿易其單照等件均照各國章程由各關監督發給其並不攜帶貨物之民人專為持往內地游歷執照由領事官發給由地方官蓋印經過地方如飭交出執照應可隨時呈驗無訛放行雇船雇人裝運行李貨物均不得攔阻如其無執照或其中有訛誤以及有不法情事可就近交送領事官懲辦沿途只可拘禁不可淩虐如通商各口有出外游玩者地在百里期在五日內毋庸請照惟

水手船上人等不在此例應由地方官會同領
事官另定章程
第十八款
一
大西洋國船隻在
大清國轄下海洋地方有被强盜搶刧者地方官
一經聞報即行設法查追拏辦如能追得贓物
交領事官給還原主
第十九款
一
大西洋國船隻有在

大清國沿海地方磕壞擱淺或遭風等事該口地
方官查知即設法妥為照料護送交就近領事
官查收以昭睦誼
第二十款
一
大西洋國商船應納鈔課各按船牌可載若干噸
而納一百五十噸以上每噸納鈔銀四錢一百
五十噸整及一百五十噸以下每噸納鈔銀一
錢既納鈔後監督官給發執照開明船鈔完納
第二十一款
一 輸税期候進口貨於起載時出口貨於落貨

時各行按納

第二十二款

一

大西洋國船主一進通商各口欲將貨物在該口

但卸幾分即以所卸多寡照數納税其餘貨物

欲帶往别口卸者其税銀亦在别口輸納

第二十三款

一

大西洋國貨船進口並未開艙欲行他往者限二

日之内出口即不徵收船鈔儻逾二日之限即

須全數輸納此外船隻出進口時並無應交費

項凡船進口一到之時即應報明以備查覈如
於二日時刻内漏報照例罰辦
第二十四款
一
大西洋國商人在各口自用艇隻運帶客人行李
書信食物及例不納税之物毋庸完鈔儻帶例
應完税之貨則每四箇月一次完鈔每噸一錢
第二十五款
一
大西洋國船隻欲進各口聽其雇覓引水之人完
清税務之後亦可雇覓引水之人帶其出口

八九九 總理衙門進呈中葡通商和好條約文本(光緒十三年十月十五日)

第二十六款

一 大西洋國船隻甫臨近口監督官派委員弁丁役看守或在西洋船或在本艇隨便居住其需用經費由關支發惟於船主並該管船商處不得私受毫釐儻有收受查出分別所取之數多寡懲治

第二十七款

一 大西洋國船隻進口限一日内該船主將船牌艙口單各件交領事官即於次日通知監督官並

將船名及押載噸數裝何項貨物之處照會監督官以憑查驗如過限期該船主並未報明領事官每日罰銀五十兩惟所罰之數總不逾二百兩以外至其艙口單内須將所載貨物詳細開明如有漏報揑報者船主應罰銀五百兩儻係筆誤即在遞貨單之日改正者可不罰銀

第二十八款

一監督官接到領事官詳細照會後即發開艙單儻船主未領開艙單擅行下貨即罰銀五百兩並將所下貨物全行入官

第二十九款

一

大西洋國商人上貨下貨總須先領監督官准單

如違即將貨物一併入官

第三十款

一各船不准私行撥貨如有互相撥貨者必須

先由監督官處發給准單方准動撥違者即將

該貨全行入官

第三十一款

一各船完清税餉之後方准發給紅單領事官

接到紅單始行發回船牌等件准其出口

第三十二款

一至税則所載按價若干抽税若干儻海關驗
貨人役與
大西洋國商人不能平定其價即須各邀客商二
三人前來驗貨客商内有願出價銀若干買此
貨者即以所開最高之價為此貨之價式免致
收税不公
第三十三款
一凡納税貫按觔兩秤計先除皮包粉飾等料
以淨貨輕重為准至有連皮過秤除皮覈算之
貨即若茶葉一項儻海關人役與
大西洋國商人意見不同即於每百箱内聽關役

揀出若干箱
大西洋國商人亦揀出若干箱先以一箱連皮過
秤得若干觔再秤其皮得若干觔除皮算之即
可得每箱實在觔數其餘貨物凡係有包皮者
均可准此類推儻再理論不明
大西洋國商人赴領事官報知情節由領事官通
知監督官商量酌辦惟必於此日稟報遲則不
為辦理此項尚未論定之貨監督官暫緩填簿免
致後難更易須俟秉公覈斷明晰再為登填

第三十四款

一

八九九　總理衙門進呈中葡通商和好條約文本（光緒十三年十月十五日）

大西洋國貨物如因受潮濕以致價低減者應行按價減稅儻大西洋國商人與官吏理論價值未定則照按價抽稅條内之法辦理

第三十五款

一

大西洋國商人運洋貨進口既經納清稅課者凡欲改運别口售賣須稟明領事官轉報監督官委員驗明實係原包原貨查與底簿相符並未拆動抽换即照數填入牌照發給該商收執一面行文别口海關查照仍俟該船進口查驗符

合即准開艙出售免其重納税課如查有影射
夾帶情事貨罰入官至或欲將該貨運出外國
亦應一律聲稟海關監督驗明發給存票一紙
他日不論進口出口之貨均可持作已納税餉
之據至於外國所產糧食
大西洋國船裝載進口未經起卸仍欲運赴他處
概無禁阻
第三十六款
一
大清國各口收税官員凡有嚴防偷漏之法均應
相度機宜隨時便宜設法辦理以杜弊端

第三十七款

一凡約内載明

大西洋國商民何者當罰何者充公入官等項均

係歸於

大清國充公與别國無涉

第三十八款

一

大西洋國貨物在通商不論何口既已按例輸納

進口正税儻欲自入内地販運者應照各國現

定章程辦理其在内地買土貨販運出口或前

赴長江各口或欲運往外國亦俱照各國現定

章程辦理
大清國各關書役人等如有不遵條例詐取規費
者由
大清國照例究治儻有多收税餉查明實係悮收
者由
大清國隨時酌辦
第三十九款
一通商路口酌設浮樁號船塔表望樓由領事
官與地方官會同酌視建造
第四十款
一税課銀兩由

八九九　總理衙門進呈中葡通商和好條約文本（光緒十三年十月十五日）

大西洋國商人交官設銀號或紋銀或洋錢按照
道光二十三年在廣東所定各樣成色交納
第四十一款
一秤碼丈尺均按照粵海關部頒定式由各監
督在各口送交領事官以昭畫一
第四十二款
一
大西洋國船隻只准在通商各口處所出入貿易
除第十九款所議未能防範之事外如有在别
處沿海地方入口或私行買賣者即將船貨一
併入官

第四十三款

一凡船隻由通商各口前往別口並澳門地方該船主稟明海關監督給發執照自是日起以四閱月為期毋庸輸納船鈔

第四十四款

一

大西洋國商船如查有涉走私情弊即將該走私之貨無論何項何價全數查抄入官仍俟該商船賬目清楚後嚴行驅逐不准在港口貿易

第四十五款

一

八九九 總理衙門進呈中葡通商和好條約文本(光緒十三年十月十五日)

大清國
大西洋國交犯一節除中國犯罪民人有逃至澳門地方潛
匿者由兩廣總督照會澳門總督即由澳門總督仍照
向來辦法查獲交出外其通商各口岸有犯罪華民逃匿
大西洋國寓所及船上者一經中國地方官照會
領事官即行查獲交出其
大西洋國犯罪之人有逃匿中國地方者一經
大西洋國官員照會中國地方官亦即查獲交出
均不得遲延袒庇

第四十六款

一此次新定稅則並通商各款日後彼此兩國
再欲重修以十年為限期滿須於六箇月之前

先行知照酌量更改若彼此未曾先期聲明更
改則稅課仍照前章完納復俟十年再行更改
以後均照此限此式辦理永行弗替
第四十七款
一在
大清國地方所有
大西洋國屬民互控案件不論人產皆歸
大西洋國官審辦
第四十八款
一
大清國人如有欺凌擾害

八九九　總理衙門進呈中葡通商和好條約文本（光緒十三年十月十五日）

大西洋國人者由
大西洋國官知照
大清國地方官按
大清國律例自行懲辦
大西洋國人如有欺凌擾害
大清國人者亦由
大清國官知照
大西洋國領事官按
大西洋國律例懲辦
第四十九款
一

大清國人有欠
大西洋國人債務不償或潛行逃避者中國官必
須認真嚴行查拏如果係帳據確鑿力能賠繳
者務須追繳
大西洋國人有欠
大清國人債務不償者
大西洋國領事官亦一體追繳但不論是何情形
兩國均不保償民人欠項
第五十款
一
大西洋國人每有赴訴地方官具禀呈皆由領事

官轉遞領事官即將稟内情詞查覈適理妥當
隨即轉遞否則更正或發還
大清國人有稟赴領事官呈遞亦先報地方官一
體辦理
第五十一款
一
大西洋國民人如有控告
大清國民人事件應先赴領事官衙門遞稟領事
官查覈其情節須力為勸和息訟
大清國民人如有赴領事官衙門控告
大西洋國人者領事官亦應查覈其情節力為勸

息若有不能勸息應由
大清國地方官與領事官會同審辦各按本國之
律例公平訊斷
第五十二款
一
天主聖教原以勸人行善為本自後凡有傳授習學
者一體全獲保護其安分無過者
大清國官不得苛待禁阻
第五十三款
一各國議立和約原係漢洋文字惟因欲防嗣
後有辯論之處兹查英國文字中外人多熟悉

是以此次所定之和約以及本和約所附之專
約均以中國文
大西洋國文暨英國文三國文字譯出繕寫畫押
六紙每國文字二紙均屬同意儻遇有
大西洋國文與中國文有未妥協之處則以英文
解明所有之疑
第五十四款
一所有現定之和約並所附之專約俟
大清國
大皇帝
大西洋國

大君主兩國
御筆批准則在天津彼此即早互換後再行刊刻通
行使兩國官民咸知遵守現經兩國
欽派大臣將譯文條約章程各二分校對無訛親筆
畫押鈐用關防以昭信守

九〇〇　總理衙門進呈中葡議定緝私專約條款（光緒十三年十月十五日）

謹將與葡國使臣羅沙議定緝私條款開單
恭呈
御覽
會議專約
大清國
大皇帝特派
大西洋國
大君主特派
為議立專約現因於光緒十三年　月　日
兩國經已議定和好通商條約第四款載明彼

此必須議立專約以便畧定如何設法協助中
國徵收由澳門出口運往中國各海口洋藥之
税釐是以兩國便宜行事大臣互相定議專約
三款臚列於左
第一款
大西洋國應允頒行律例一條以為飭令澳門洋
藥生意必須遵循後列之規例
一除洋藥裝滿箱之外其餘零星碎件不准運
入澳門
二大西洋國應簡派官員一員在澳門以為督
理查緝出口入口之洋藥所有載運洋藥入口一

九〇〇 總理衙門進呈中葡議定緝私專約條款(光緒十三年十月十五日)

經到澳須立即報知督理官衙門
三所有運入澳門之洋藥如欲由此船搬過彼
船或由船而起上岸抑或運入棧房或由此棧
而搬至彼棧又或將該洋藥轉運出口均須先
到督理官衙門領取准照方准搬運
四所有澳門出口入口洋藥之商人應有登記
簿而該簿之格式係由官酌定發給其所有運
入口之洋藥應照依官給予之格式將該洋藥
賣出若干箱或賣與何人抑或運往何處以及
在鋪内存有若干箱均須據實逐一註明簿内
五除承充澳門洋藥之商人及領牌照售賣零

星洋藥之人外無論何人均不准收存不足一
箱之生洋藥
六此律例須行之後必須詳細定立章程俾令
各人在澳門遵守至於該章程應與香港辦理
此項之章程相同
第二款
所有澳門出口前往中國各海口之洋藥必須
到督理洋藥衙門領取准照一面由該衙門官
員立將轉運出口之准照轉致拱北關稅務司
辦理
第三款

九〇〇　總理衙門進呈中葡議定緝私專約條款（光緒十三年十月十五日）

大清國與
大西洋國嗣後如欲將此專約之條款更改必須
兩國會議允行方可隨時删更

九〇一 總理衙門奉旨著與葡使簽約畫押(光緒十三年十月十五日)

光緒十三年十月十五日奉

旨著派奕劻孫毓汶與葡國使臣畫押欽此

九〇二　粤海關監督增潤奏折

粤海大關等處征收各項税銀數目

(光緒十三年十月二十日)

再查洋税按照結期自光緒十三年八月十五日起截至十三年八月二十日止計六日大關共徵洋税銀一萬二千九兩五錢九分八釐洋藥税銀三千三百六十七兩一錢二分五釐招商局輪船洋税銀八兩七錢九分三釐潮州新關共徵洋税銀五千七百九十四兩七錢四分二釐洋藥税銀二千九百七十六兩四錢一分三釐土貨半税銀一千七百五十兩六錢八分二釐招商局輪船洋税銀三百五十八兩三錢六分九釐土貨半税銀二百二十四兩四錢六分四釐瓊州新關共徵洋税銀二百四十九兩

九〇二　粤海關監督增潤奏折

粤海大關等處征收各項税銀數目
(光緒十三年十月二十日)

五錢三分一釐子口税銀三十八兩八錢九分
北海新關共徵洋税銀四千七百九十四兩七
錢五分八釐洋藥税銀一千三十九兩六錢五
分常税按照關期自光緒十二年十月二十六
日起至十三年八月二十日止連閏計十箇月
零二十五日大關共徵常税銀十三萬三百五
十八兩七錢九分潮州新關共徵常税銀一萬
八千七百九十七兩九錢九分七釐瓊州新關
共徵常税銀一千八百十三兩八錢五分北海
新關共徵常税銀一萬四千二百三十四兩七
錢五分六釐各口共徵銀二萬二千五百二兩

四錢一分五釐又新安香山等屬各洋藥税廠自十二年十月二十六日起至十三年三月初八日停辦止共徵洋藥税銀五萬五千八百三十一兩五錢除支銷經費銀八萬七千五百三十三兩五錢九分五釐不敷銀三萬一千七百二兩九分五釐以上各款聲明一併移交新任監督長有接管因潮州瓊州北海三關截算數目報到有需時日是以拜發稍遲並既經交卸此摺係借用粤海關監督關防合併聲明伏乞

聖鑒謹

奏

九〇二　粤海關監督增潤奏折

粤海大關等處征收各項税銀數目
（光緒十三年十月二十日）

户部知道

九〇三　兩廣總督張之洞奏折

解除兩廣鐵禁暫免稅厘各緣由

(光緒十三年十月二十四日)

兩廣總督臣張之洞跪

奏為開除兩廣鐵禁變通旗程暫免稅釐以便暢

銷而收利權恭摺仰祈

聖鑒事竊臣前奉

諭旨開辦鑛務以資利用各就地方情形詳加酌度

奏明辦理等因誠以煤鐵等物皆製器所必需而

鐵鑛之為用尤亟然必須銷場通暢鑛務方有

起色臣於上年十二月援照山西成案

奏開兩廣鐵禁准令出洋冀以敵侵銷而暢土貨

欽奉

諭旨准行當即恭錄轉行欽遵辦理惟查廣東地方

凡有鐵器發賣須在運司衙門告運指定地方給以總督衙門旗票依限繳銷違則有罰以致各商拘守旗程劃分地界彼此鐵貨禁不往来境内且難流通又何能遠行出海粤鐵素號精良出產最饒先年大爐土爐各有數十座歲徵鐵六百餘萬斤載在鐵志乃近年以来洋鐵充斥爐座紛紛倒閉每年所徵鐵税不及從前十分之一通年所徵止數百金良由拘牽舊法自相禁阻坐使洋鐵充塞粤鐵愈成積滯而奸販繞越偷漏仍屬難免以致工商益困課餉日絀雖有開禁之名並無出洋之實查收買鐵斤内

九〇三　兩廣總督張之洞奏折

解除兩廣鐵禁暫免稅厘各緣由（光緒十三年十月二十四日）

地興販悉從民便例有明文何獨於粵省土產
之鐵多方禁錮徒令鑛法多一窒礙粵民少一
營生　臣　前奏業已詳陳既奉
諭旨大開海禁則內地行銷更復何所違礙亟須設
法變通准其擇便運售毋庸告運亦無所用其
旗程嗣後鐵貨與尋常貨物無異不得再分畛
域至於販運鉎鐵鐵器每萬斤向應完納軍監
牙加斤吊等稅五兩三錢四分二釐又鐵器每
百斤應完釐金一錢生熟鐵百斤應完釐金二
三分為數本屬甚輕加以近年徵解愈少並無
大濟應請將此項稅釐自光緒十四年正月起

三年内暫行寬免俾商販减輕成本容易運銷
始足以敵外來之鐵收已失之利惟當考究數
目以便周知衰旺現擬由臣刊刷運票印發各
關廠飭令鐵斤於出爐起運時報明所過第一
道釐廠填給運票沿途查驗放行至出海各口
之廠掣回繳銷不准需索絲毫規費無釐廠之
處由各府税廠無税廠之處由海關委員就近
查驗各按月彙報察核俟出洋暢旺再行酌
定抽收現在税釐既經暫免則凡隨徵之鐵規
小禮雜項亦應暫停均俟開徵税釐再復舊章
惟此項内有向解翰林院讀書銀八十兩内閣

九〇三　兩廣總督張之洞奏折

解除兩廣鐵禁暫免税厘各緣由

（光緒十三年十月二十四日）

飯食銀二百兩皆係辦公必需之項未便缺乏
應設法另籌如數照解其開設爐座與興販鐵
斤各為一事所有大爐土爐各餉仍應照舊完
納以示區别據兩廣鹽運使英啟會同廣東布
政使高崇基署廣西布政使周鶴具詳請
奏前來臣等覆核無異相應據情
奏懇
天恩准予照辦俟鐵貨出洋暢旺再將應完税釐酌
定抽收於鑛務商情實有裨益除咨總理衙門
户工二部外所有開除鐵禁變通章程暫免税
釐各緣由謹會同廣東撫臣吳大澂護理廣西

九〇三　兩廣總督張之洞奏折

解除兩廣鐵禁暫免稅厘各緣由
(光緒十三年十月二十四日)

撫臣李秉衡恭摺具陳伏祈

皇太后

皇上聖鑒謹

奏

著照所請該衙門知道

光緒十三年十月　二十四　日

九〇四 兩廣總督張之洞奏折

粵海潮州瓊州北海關征稅銀數
(光緒十三年十月二十五日)

廣東巡撫臣吳大澂
兩廣總督臣張之洞
粵海關監督臣長有 跪

奏為粵海潮州二關及瓊州廉州北海兩新關第一百六結徵收正稅並船鈔土貨半稅各銀數

開單

奏報仰祈

聖鑒事竊照光緒十年四月間准戶部咨會議各海關洋稅奏銷瓊州北海兩關未據按結奏報應令遵照定章一律開單奏報一摺奉

旨依議欽此咨行到粵當經欽遵辦理查粵海潮州二關徵收洋稅四成項下銀兩歷准戶部並總理各國事務衙門咨每月撥解陝西協餉銀一

九〇四 兩廣總督張之洞奏折

粤海潮州瓊州北海關征税銀數

(光緒十三年十月二十五日)

萬兩嗣改爲籌邊軍餉又每季籌辦内務府造
辦處赤金各五百兩又每結撥解抵還閩省借
款銀六千兩嗣改爲加放俸餉又應解南北洋
經費嗣准總理海軍事務衙門咨撥歸海軍衙
門作爲常年餉需經費之用各等因所有同治
五年二月十六日第二十三結起至光緒十二
年十二月初七日第一百五結止粤海潮州二
關徵解銀數歷經按結奏報在案兹自光緒十
二年十二月初八日起至十三年三月初七日
止計三箇月爲第一百六結粤海潮州二關徵
收正税洋藥税共銀四十三萬二千二十四兩

九〇四　兩廣總督張之洞奏折

粤海潮州瓊州北海關征税銀數
(光緒十三年十月二十五日)

四錢八分八釐核計四成銀一十七萬二千八百九兩七錢九分五釐二毫除撥解光緒十二年五月六月七月籌邊軍餉共銀三萬兩辦解内務府十三年春季分赤金價銀九千二百五十兩造辦處十三年春季分赤金價銀九千二百五十兩抵還閩省借款解京改放俸餉銀六千兩外實存四成銀一十一萬八千三百九兩七錢九分五釐二毫又本屆第一百六結期内粤海潮州二關徵收洋船船鈔土貨半税招商局輪船貨税船鈔土貨半税及粤海大關徵收子口税潮州新關徵收招商局輪船洋藥税各

項共銀五萬三千四百一十九兩九錢五分九
釐至粤海大關招商局輪船洋藥税潮州新關
子口税本屆並無徵收又瓊州廉州北海兩新
關自光緒十二年十二月初八日起至十三年
三月初七日止計三箇月爲第一百六結瓊州
北海兩新關徵收正税洋藥税共銀五萬二千
五百八十九兩五錢二釐又本屆第一百六結
瓊州廉州北海二新關徵收船鈔土貨半税子
口税各項共銀二千一百四十八兩九錢九分
九釐至招商局輪船貨税船鈔洋藥税土貨半
税本屆並無徵收所有粤海潮州二關及瓊州

九〇四 兩廣總督張之洞奏折

粵海潮州瓊州北海關征税銀數（光緒十三年十月二十五日）

廉州北海二新關第一百六結徵收正税及船鈔子口税洋藥税土貨半税各緣由除咨總理衙門暨户部外再光緒三年四月間准户部咨瓊州北海兩關所收洋税既無外國扣款自毋庸再行分别四成六成報解合併陳明臣等謹繕列清單會同南洋通商大臣兩江總督臣曾國荃恭摺具陳伏祈

皇太后

皇上聖鑒謹

奏

該衙門知道單併發

九〇四　兩廣總督張之洞奏折

粵海潮州瓊州北海關征税銀數
（光緒十三年十月二十五日）

光緒十三年十月二十五日

九〇五　兩廣總督張之洞奏折

粤海潮州瓊州北海關征税銀數
（光緒十三年十一月初三日）

廣東巡撫臣吴大澂
兩廣總督臣張之洞
粤海關監督臣長有　跪

奏為粤海潮州二關及瓊州廉州北海兩新關第一百七結徵收正税並船鈔土貨半税各銀數

開單

奏報仰祈

聖鑒事竊照光緒十年四月間准戶部咨會議各海關洋税奏銷瓊州北海兩關未據按結奏報應令遵照定章一律開單奏報一摺奉

旨依議欽此咨行到粤當經欽遵辦理查粤海潮州二關徵收洋税四成項下銀兩歷准戶部並總理各國事務衙門咨每月撥解陝西協餉銀一

萬兩嗣改為籌邊軍餉又每季籌辦内務府造
辦處赤金各五百兩又每結撥解抵還閩省借
款銀六千兩嗣改為加放俸餉又應解南北洋
經費嗣准總理海軍事務衙門咨撥歸海軍衙
門作為常年餉需經費之用各等因所有同治
五年二月十六日第二十三結起至光緒十三
年三月初七日第一百六結止粵海潮州二關
徵解銀數歷經按結奏報在案兹自光緒十三
年三月初八日起連閏至五月初十日止計三
箇月為第一百七結粵海潮州二關徵收正税
洋藥税共銀四十三萬六千八百二兩六分八

九〇五　兩廣總督張之洞奏折

粵海潮州瓊州北海關征税銀數
(光緒十三年十一月初三日)

釐核計四成銀一十七萬四千七百二十兩八錢二分七釐二毫除撥解光緒十二年八月九月十月籌邊軍餉共銀三萬兩辦解内務府十三年夏季分赤金價銀九千二百五十兩造辦處十三年夏季分赤金價銀九千二百五十兩抵還閩省借款解京改放俸餉銀六千兩外實存四成銀一十二萬二百二十兩八錢二分七釐二毫又本屆第一百七結粤海潮州二關徵收洋船船鈔土貨半税招商局輪船貨税船鈔洋藥税土貨半税及粤海大關徵收子口税各項共銀七萬九千一百六十兩八錢九分三釐

九〇五　兩廣總督張之洞奏折

粤海潮州瓊州北海關征税銀數

（光緒十三年十一月初三日）

至潮州新關子口税本屆並無徵收又瓊州廉州北海兩新關自光緒十三年三月初八日起連閏至五月初十日止計三箇月爲第一百七結瓊州北海兩新關徵收正税洋藥税共銀六萬七千八百七十八兩一錢九分六釐又本屆第一百七結瓊州廉州北海二新關徵收船鈔土貨半税子口税各項共銀二千四百八十三兩六錢五分六釐至招商局輪船貨税船鈔洋藥税土貨半税本屆並無徵收所有粤海潮州二關及瓊州廉州北海二新關第一百七結徵收正税及船鈔子口税洋藥税土貨半税各緣

九〇五　兩廣總督張之洞奏折

粤海潮州瓊州北海關征税銀數
(光緒十三年十一月初三日)

由除咨總理衙門暨户部外再光緒三年四月
開准户部咨瓊州北海兩關所收洋税既無外
國扣款自毋庸再行分别四成六成報解合併
陳明臣等謹繕列清單會同南洋通商大臣兩
江總督臣曾國荃恭摺具陳伏祈
皇太后
皇上聖鑒謹
奏
該衙門知道單併發
光緒十三年十一月　初三　日

九〇六　粵海關監督長有奏折

接收盤查關庫現存銀兩數目相符
(光緒十三年十一月十一日)

粵海關監督臣長有跪

奏爲恭報接收交代關庫現存銀兩盤查數目相

符仰祈

聖鑒事竊奴才荷蒙

恩命簡放粵海關監督業將到任接印日期恭疏

題報並繕摺叩謝

天恩在案嗣准前監督增潤移交關庫各款奴才分日

逐一盤查除光緒十年分洋税收支數目業經

前監督增潤報明將應存各款全數抵撥連前

共不敷銀三百九十九萬二千六百八十九兩

七錢九分一釐一毫並開造四柱清册送部查

九〇六　粤海關監督長有奏折

接收盤查關庫現存銀兩數目相符
（光緒十三年十一月十一日）

數在案兹自光緒十年八月十三日第九十七結起連閏至十三年八月十四日第一百八結止計十二結内十一年分大關潮州瓊州北海各新關及大關潮州招商局輪船共徵洋税銀一百六十四萬九千七百一兩七錢二分三釐除支解外應存銀九萬二千五十九兩六錢九分一釐十二年分大關潮州瓊州北海各新關及大關潮州招商局輪船共徵洋税銀一百七十四萬七千七百九十五兩四錢一分八釐除支解外不敷銀十九萬三千六百八十七兩三錢九分三釐八毫十三年分大關潮州瓊州北

海各新關及大關潮州招商局輪船共徵洋税
銀一百八十九萬八千七百五十兩三錢二分
二釐除支解外不敷銀六萬六千八百八兩七
錢三分三釐八毫又自十三年八月十五日起
至二十日止計六日大關潮州瓊州北海各新
關及大關潮州招商局輪船共徵洋税銀二萬
三千二百十五兩七錢九分一釐除支解外不
敷銀五萬三千二百四十九兩四錢六分八釐
除將十一年分應存銀兩抵撥外尚不敷銀二
十二萬一千六百八十五兩九錢四釐六毫連
十年分不敷統計共不敷銀四百二十一萬四

九〇六　粵海關監督長有奏折

接收盤查關庫現存銀兩數目相符
（光緒十三年十一月十一日）

千三百七十五兩六錢九分五釐七毫又常稅
按關期計算自光緒九年十一月二十六日起
連閏至十二年十月二十五日止計三年內十
一年分大關潮州瓊州新關及各口常稅銀十
九萬九千九百六十八兩二錢三釐汲水門等
處洋藥稅銀十六萬八千七百九十五兩九錢
廉州北海各卡口貨稅銀一萬八千二百一兩
九錢五分六釐合共徵常稅銀三十八萬六千
九百六十六兩五分九釐除支解外不敷銀六
萬六千八百十七兩七錢七分二釐十二年分
大關潮州瓊州新關及各口常稅銀二十萬七

九〇六 粤海關監督長有奏折

接收盤查關庫現存銀兩數目相符(光緒十三年十一月十一日)

百三十五兩八錢二分六釐汲水門等處洋藥稅銀十七萬三百五十八兩廉州北海各卡口貨稅銀一萬五千十五兩七錢八分五釐合共徵常稅銀三十八萬六千一百九兩六錢一分一釐除支解外應存銀四萬八千九百六十七兩六分五釐十三年分大關潮州瓊州新關及各口常稅銀十九萬五千八十七兩九分六釐汲水門等處洋藥稅銀十八萬七千七十兩一錢廉州北海各卡口貨稅銀一萬四千四百三十四兩九錢七分二釐合共徵常稅銀三十九萬六千五百九十二兩一錢六分八釐除支解

九〇六 粤海關監督長有奏折 接收盤查關庫現存銀兩數目相符(光緒十三年十一月十一日)

外不敷銀四千五百六十五兩二錢五分六釐又自十二年十月二十六日起連閏至十三年八月二十日止計十箇月零二十五日大關潮州瓊州新關及各口常税銀十七萬三千四百七十三兩五分二釐廉州北海各卡口貨税銀一萬四千二百三十四兩七錢五分六釐汲水門等處自十二年十月二十六日起至十三年三月初八日停辦止洋藥税銀五萬五千八百三十一兩五錢合共徵常税銀二十四萬三千五百三十九兩三錢八釐除支解外應存銀十三萬九千六百十八兩八錢九分九釐以上應

存銀兩除撥抵不敷外應存銀十一萬七千二
百二兩九錢三分六釐内除各口已徵未解銀
六萬五千二百三十一兩四錢六分九釐應存
銀五萬一千九百七十一兩四錢六分七釐另
存光緒十一年分起至十三年八月二十日止
平餘等銀一千五十兩一錢一釐又應存第四
十九結起至第九十六結止四成二成洋税洋
藥税第七十七結起至第九十六結止六成提
一成半洋税洋藥税第八十一結起至第九十
六結止奉天練餉糧道普濟堂陝西協餉撥充
伊犁償款及光緒十年分常税北海貨税十一

九〇六　粤海關監督長有奏折　接收盤查關庫現存銀兩數目相符（光緒十三年十一月十一日）

十二十三年分現徵洋藥税半税共銀四百五十四萬六千六百六十九兩四錢八分五釐七毫以上共應存銀四百五十九萬九千六百九十一兩五分三釐七毫均由前監督增潤借撥外尚存銀三十八萬五千三百十五兩三錢五分八釐。竊按款詳查悉心稽覈數目均屬相符伏查粤海關應解京外各餉及洋款利息為數甚鉅皆屬要需而前任積欠未解款目繁多實難掃數補解且現在海防雖定商客猶待招徠聯單通行章程亟宜防弊竊受
恩深重惟有認真整飭統顧兼籌以期税課豐盈源

九〇六　粵海關監督長有奏折

接收盤查關庫現存銀兩數目相符
（光緒十三年十一月十一日）

源接濟所有盤查關庫現存銀兩緣由除循例
恭疏
題報外謹繕摺具
奏伏乞
皇太后
皇上聖鑒謹
奏
户部知道
光緒十三年十一月　十一　日

九〇七 總税務司赫德信函

税務司試辦粤省六廠華船常税(光緒十三年)

照録赫德覆信

敬覆啟者奉到光緒十三年四月三十日鈞函以粤省六廠華船常税歸税司一手經理每年可收五十餘萬兩之説經堂憲與醇王爺商議醇王爺意以為此數較之粤海關監督所稱歲收四十五六萬兩之數目有盈無絀具見實心任事殊深欣慰如果閣下確有把握即擬統交税司試辦一年再行定章若一年期滿所收不及五十餘萬兩之數或定章後無論何年有收數減少情事即須仍歸粤海關監督經理庶該處一切支項不虞短缺即希明晰見覆等因總税

九〇七　總税務司赫德信函

税務司試辦粤省六廠華船常税(光緒十三年)

務司既承王爺重以實心任事格外之奬嘉能勿銘感於心勉竭駑效惟實心任事確係本分應然況朝廷曾疊次諭以實事求是凡屬執事者俱當謹奉斯旨以圖報稱即總税務司自念羈職以來三十年始終如一日祇期如貴衙門所云毋負委任耳竊總税務司前所云每年可收五十餘萬兩之一語自非濫言乃係確有辦法在胸始出斯語現在既議統交税司試辦自應先行明晰妥議俾彼此毫無誤會方可期有實效粤省華船貿易

九〇七　總税務司赫德信函　税務司試辦粤省六廠華船常税（光緒十三年）

香澳經過六廠之時若在彼只查其所漏税之貨只徵其應補之税則或得徵一兩或得徵十萬兩事前實難預言緣各關若稽查法嚴則六廠無漏税之貨得察即無應補之税可收惟各關若稽覈之法較疎則漏税之貨較多而六廠可徵之補款亦隨之較旺是以總税務司所稱五十餘萬兩之説並非以六廠之稽查補徵而得辦至其數也前所言者即係粤省華船貿易香澳運貨進出其貨税照通商税則計徵每年應有五十餘萬兩之數若蒙統歸税司一手經理照後開之大概章程試辦即可到此數目

九〇七　總税務司赫德信函　税務司試辦粵省六廠華船常税(光緒十三年)

計開

一凡粵東之廣州汕頭瓊州北海四處通商口岸貿易香澳之華船向歸常關管理今擬改照招商局各船歸税務司管理均應請領本口新關之船牌起下貨物完納税餉均應照本關章程按江海浙海各新關之釣船一體辦理該船前往香澳之時須赴六廠挂號將出口單照呈驗後方准過廠俟由香澳回頭時仍須赴六廠挂號並將艙口單一分呈存方准過廠前往

一凡粵東之華船貿易於香澳除通商口岸之

九〇七　總税務司赫德信函　税務司試辦粤省六廠華船常税（光緒十三年）

華船照以上辦理外其餘沿海沿江各處之船除由各該處在彼照向章辦理外其前往香澳之時須赴六廠掛號並將所裝之貨開單報明照通商税則完一子口税即出口正税之半方准過廠俟由香澳回頭時仍須赴六廠掛號將回貨單開呈照通商税則完清進口正税方准過廠前往待回至原處時即由該處照向章辦理

一粤東省城貿易香澳之船有洋輪有華船併行貿易有時此裝多則彼裝少有時此裝少則彼裝多是以兩項船所完之税則應併計

九〇七　總税務司赫德信函　税務司試辦粤省六廠華船常税（光緒十三年）

即如粤海大關洋税以一百零十萬兩計則六廠華船税以五十萬兩計兩共計一百六十萬兩大關洋税若增至數萬兩則六廠華船之税似必減去數萬兩六廠華船之税若增至數萬兩則大關似必減收此數是無論如何分收分計總之兩共應到一百六十萬兩之數若不到此數則為絀若逾此數則為盈此情形不得不書明於章程內者所以資覈計實收之數也若准照以上章程試辦在部意則所説每年可收五十萬兩之數必有把握也且不久似可過此數目惟來函所云試辦一年再行訂章伏思

以訂妥章而論試辦之限應以三年為期方足
數擬議緣事屬新創其中尚有端倪須待經歷
後始可得其實在但其試辦三年之内若某年
有減少無效之時則由貴衙門將六廠華税仍
行歸監督經理亦屬宜然總税務司如此擬議
一切並非不知粤海監督各項派辦之難處支
項之緊要惟華船貿易香澳其如何經理一切
與香澳會辦洋藥税釐者實有關繫蓋併徵得
法則洋藥之進項應多得二百餘萬兩之明款
而其得法與否皆憑如何會辦而來其如何會
辦又憑六廠如何經理一切而來由税司一手

九〇七 總稅務司赫德信函 稅務司試辦粤省六廠華船常稅(光緒十三年)

經理其會辦之事必妥其餠徵應得之鉅款即有把握惟若不統歸稅司經理其會辦事宜大有掣肘其應多得之鉅款則難期有着因是不得不為餠徵之鉅款通盤籌畫也如其照此辦理即應擇期訂日開辦查本年五月十一日係第一百零八結起算之期可否即以此日開辦之處統希代達酌覈示覆為禱

九〇八　粵省香澳六廠常税并歸税司代收節略（光緒十三年）

慈覽

謹開具簡明節畧恭呈

查粵海關洋税係監督與税司合辦常税則專歸監督徵收今赫德因洋藥税釐併徵恐往來香澳之華船有走私等弊請將監督向設附近香澳六廠所收之常税併歸税司代收以防偷漏若照伊申呈辦法歲可收銀五十餘萬兩試辦之初尚難豫定兩三年後更可過此數目若某年減少無效則仍歸監督經理並據申呈第一條内稱廣汕瓊廉貿易香澳之華船云云又據第二條内稱沿江沿海在各該處照向章辦

理外其往香澳時赴六廠挂號云云是往來香澳之華船歸稅司經理其非往來香澳之華船仍歸監督徵收所稱五十餘萬兩之數並非將常稅全行併算在内也查據粵海關監督聲覆該關常稅每歲約收四十五六萬兩等語現擬即飭稅司併辦以所收此項常稅五十餘萬兩解交監督支應一切用款較該監督自報收數有盈無絀且據該稅司聲稱如試辦無效仍歸監督經理則操縱之權在我更可不虞窒礙

九〇九 粤海關監督長有奏折

粤海等關收支洋税總數

（光緒十四年二月二十五日）

粤海關監督奴才長有跪

奏為光緒十一年分洋税第九十七結至第一百結一年期内大關及潮州瓊州北海各新關收支總數開單恭摺具報仰祈

聖鑒事竊照同治二年十一月間奉部劄行

奏准將各海關洋税收支數目均以咸豐十年八月十七日為始仍按三箇月奏報一次扣足四結専摺奏銷一次仍從第一結起造具每結四柱清册送部查覈毋庸按照關期題銷以清界劃而免牾延其各關應徵常税仍令各按關期照常題銷以符舊制又光緒十年四月間奉户

九〇九　粵海關監督長有奏折

粵海等關收支洋税總數

（光緒十四年二月二十五日）

部劄本部會議各海關洋税奏銷辦理未能畫一應令遵照定章一律開單奏報一摺於光緒十年二月二十五日具奏本日奉

旨依議欽此鈔録原奏劄行欽遵辦理概不准以收支數目串入原摺等因伏查粵海關洋税光緒十年分第九十三結至九十六結一年期内收支總數業經

奏報在案茲光緒十一年分自光緒十年八月十三日第九十七結起至十一年八月二十二日第一百結止所有大關及潮州瓊州北海各新關洋税收支各數目除遵照扣足四結爲一年

九〇九　粤海關監督長有奏折

（光緒十四年二月二十五日）

粤海等關收支洋税總數

造具四柱清册送部查覈外再查奉撥京餉及
例解廣儲司公用銀兩均屬支放要需亟應依
限籌解若俟庫有徵存誠恐遲誤斧只有設法
騰挪先向西商通融墊解仍歸入下年分徵收
税項内撥抵數辦謹將光緒十一年分洋税收
支各數繕列清單恭摺具
奏伏乞
皇太后
皇上聖鑒謹
奏
該衙門知道單併發

九〇九　粵海關監督長有奏折

粵海等關收支洋税總數
(光緒十四年二月二十五日)

光緒十四年二月　二十五　日

九一〇　欽差大臣李鴻章奏折

與葡國換約事竣(光緒十四年三月十九日)

欽差大臣大學士直隸總督一等伯臣李鴻章跪

奏為葡萄牙國換約事竣恭摺仰祈
聖鑒事竊查葡萄牙國即大西洋上年十月間經總
理各國事務衙門王大臣與葡國使臣羅沙議
定通商條約五十四款洋藥緝私專約三款當
即奏明畫押本年三月初據津海關稅務司稟
報該使羅沙由滬赴津換約羅沙旋於初九日
來謁請期互換臣電商總理衙門奏請
簡派換約大臣將原約本請用

九一〇　欽差大臣李鴻章奏折
與葡國换約事竣(光緒十四年三月十九日)

御寶作爲批准發下遵辦初十日奉
旨著派李鴻章會同葡國使臣互換條約餘依議欽
此由總理衙門恭録知照並將畫押原本派弁
齎送前來臣即擇定三月十八日在天津水師
公所公同互換屆期臣率同津海關道及天津
道府通商隨員等該使羅沙亦挈同該國領事
繙譯等一併齊集羅沙將葡國批准條約畫押
原本交臣驗收臣即將總理衙門發下恭用
御寶條約原本交該使祇領彼此核對無訛仍公立

九一〇 欽差大臣李鴻章奏折 與葡國換約事竣(光緒十四年三月十九日)

換約文憑華洋文一樣二分畫押蓋印各執一分附釘原約之後以昭信守至原約第二款内稱澳門地方現經商定俟兩國派員妥爲會訂界址再行特立專約其未經定界以前一切事宜俱照現時情形勿動彼此均不得有增減改變之事等語臣面詢羅沙據云澳門定界擬俟該國續派使臣駐華另行商辦該使於換約後即起程回國除將條約原本並換約文憑委弁齎送總理衙門查收備案外謹將譯録葡國批

九一〇 欽差大臣李鴻章奏折

與葡國換約事竣(光緒十四年三月十九日)

准和約原文及臣與葡使換約文憑照繕清單
恭呈
御覽並分咨總理衙門暨南洋通商大臣兩廣督臣
知照所有葡國換約事竣理合繕摺覆陳伏乞
皇太后
皇上聖鑒謹
奏
該衙門知道單二件併發
光緒十四年三月 十九 日

附件一　葡國君主允準中葡條約批文漢譯（光緒十四年三月十九日）

謹將譯録葡國批准和約原文照繕清單恭呈
御覽
大西洋國大君主為批准通商和好條約事因
於西歷一千八百八十七年十二月初一日即
光緒十三年十月十七日兩國
欽差大臣各奉本國便宜行事之
上諭經已訂立通商和好條約以便兩國彼此遵守
並另定專約附於本約之後論及如何設法協
助徵收洋藥税項一節查該和約及附專約各

附件一　葡國君主允準中葡條約批文漢譯（光緒十四年三月十九日）

款載明原本列後兹閱悉該和約及附專約等款與本國議政院業已允准在大西洋國理斯波阿京都兩國前議預立節畧相符又按照一千八百八十七年七月十三日之條律内第二款今將所有該通商和好條約及附專約各款逐一批准並允許均皆遵守著一體按照辦理是以將該和約及附專約畫押用寶以昭信守

右在大西洋國理斯波阿公立

西歷一千八百八十八年二月初一日

附件二　與葡使互換條約文憑清單（光緒十四年三月十九日）

大清光緒十三年十二月二十日
大西洋國大君主畫押鈐璽
尚書巴路斯額美司畫押
覽
謹將與葡使互换條約文憑照繕清單恭呈
御覽
大清國
大皇帝特派
欽差大臣太子太傅文華殿大學士北洋通商大臣

附件二　與葡使互换條約文憑清單（光緒十四年三月十九日）

會辦海軍事務直隸總督一等肅毅伯爵李
大西洋國大君主特派欽差駐劄中國便宜行
事大臣羅沙
為公立文憑事案照於光緒十三年十月十七
日兩國大臣在北京議定畫押和好通商條約
並另定專約附於本約之後論及如何設法協
助徵收洋藥稅項一節等款經已彼此奏明欽
奉
御筆批准特派

欽差大臣彼此互换今日兩國
欽差大臣在天津公所會晤各將所奉
上諭公同較閱俱屬妥善特將該通商和好條約及
附專約原本公同較閱明晰互相交換即將兩
國以漢文英文西洋文謄錄之文憑六分每文二分畫押蓋
印各執一分存據俾昭信守須至文憑者
大清光緒十四年三月十八日
西歷一千八百八十八年四月二十八日
大清國特派

附件二　與葡使互換條約文憑清單（光緒十四年三月十九日）

欽差大臣李
大西洋國特派欽差大臣羅沙
覽

九一一　兩廣總督張之洞奏折

粵海潮州瓊州北海關征稅銀數
(光緒十四年六月十二日)

廣東巡撫臣吳大澂
兩廣總督臣張之洞
粵海關監督臣長有　跪

奏為粵海潮州二關及瓊州廉州北海兩新關第
一百八結徵收正稅並船鈔土貨半稅各銀數
開單
奏報仰祈
聖鑒事竊照光緒十年四月開准戶部咨會議各海
關洋稅奏銷應令遵照定章一律開單奏報一
摺奉
旨依議欽此咨行到粵當經欽遵辦理查粵海潮州
二關徵收洋稅四成項下銀兩歷准戶部並總

九一一 兩廣總督張之洞奏折

粵海潮州瓊州北海關征税銀數
(光緒十四年六月十二日)

理各國事務衙門咨每月撥解陝西協餉銀一萬兩嗣改為籌邊軍餉又每季籌辦内務府造辦處恭金各五百兩又每結撥解抵還閩省借款改為加放俸餉銀六千兩又應解南北洋經費嗣准總理海軍事務衙門咨撥歸海軍衙門作為常年餉需經費之用各等因所有同治五年二月十六日第二十三結起至光緒十三年五月初十日第一百七結止粵海潮州二關徵解銀數歷經按結奏報在案茲自光緒十三年五月十一日起至八月十四日止計三箇月為第一百八結粵海潮州二關徵收正税洋藥税

九一一　兩廣總督張之洞奏折

粵海潮州瓊州北海關征税銀數
(光緒十四年六月十二日)

共銀六十萬六千一百二十一兩二錢六分五釐核計四成銀二十四萬二千四百四十八兩五錢六釐除撥解光緒十二年十一月十二月十三年正月籌邊軍餉共銀三萬兩辦解內務府十三年秋季分赤金價銀九千二百五十兩造辦處十三年秋季分赤金價銀九千二百五十兩祗還閩省借款解京政放俸餉銀六千兩外實存四成銀十八萬七千九百四十八兩五錢六釐又本屆第一百八結粵海潮州二關徵收洋船船鈔土貨半税招商局輪船貨税船鈔洋藥税土貨半税及粵海大關徵收子口税各

項共銀七萬九千二百七十一兩八錢八分至
潮州新關子口税本屆並無徵收又瓊州廉州
北海兩新關自光緒十三年五月十一日起至
八月十四日止計三箇月爲第一百八結瓊州
北海兩新關徵收正税洋藥税共銀七萬四千
一百二十五兩五分又本屆第一百八結瓊州
廉州北海二新關徵收船鈔土貨半税子口税
各項共銀三千一百五十六兩二錢四分三釐
至招商局輪船貨税船鈔洋藥税土貨半税本
屆並無徵收所有粤海潮州二關及瓊州廉州
北海二新關第一百八結徵收正税及船鈔子

九一一　兩廣總督張之洞奏折

粤海潮州瓊州北海關征税銀數
（光緒十四年六月十二日）

口税洋藥税土貨半税各緣由除咨總理衙門
暨户部外再光緒三年四月間准户部咨瓊州
北海兩關所收洋税既無外國扣款自毋庸再
行分别四成六成報解合併陳明臣等謹繕列
清單會同南洋通商大臣兩江總督臣曾國荃
恭摺具陳伏祈
皇太后
皇上聖鑒謹
奏
該衙門知道單併發
光緒十四年六月　十二　日

九一二 兩廣總督張之洞奏折

粤海潮州瓊州北海關征税銀數

(光緒十四年六月十三日)

廣東巡撫臣吴大澂
兩廣總督臣張之洞
粤海關監督臣長有跪

奏爲粤海潮州二關及瓊州廉州北海兩新關第

一百九結徵收正税並船鈔土貨半税各銀數

開單

奏報仰祈

聖鑒事竊照光緒十年四月間准户部咨會議各海

關洋税奏銷應令遵照定章一律開單奏報一

摺奉

旨依議欽此咨行到粤當經欽遵辦理查粤海潮州

二關徵收洋税四成項下銀兩歷准户部並總

理各國事務衙門咨每月撥解陝西協餉銀一

九一二　兩廣總督張之洞奏折

粤海潮州瓊州北海關征税銀數
(光緒十四年六月十三日)

萬兩嗣改為籌邊軍餉又每季籌辦内務府造
辦處赤金各五百兩又每結撥解抵還閩省借
款改為加放俸餉銀六千兩又應解南北洋經
費嗣准總理海軍事務衙門咨撥歸海軍衙門
作為常年餉需經費之用各等因所有同治五
年二月十六日第二十三結起至光緒十三年
八月十四日第一百八結止粤海潮州二關徵
解銀數歷經按結奏報在案兹自光緒十三年
八月十五日起至十一月十七日止計三箇月
為第一百九結粤海潮州二關徵收正税洋藥
税共銀五十四萬二千八十兩六錢二分五釐

九一二　兩廣總督張之洞奏折

粤海潮州瓊州北海關征税銀數
(光緒十四年六月十三日)

核計四成銀二十一萬六千八百三十二兩二
錢五分除撥解光緒十三年二月三月四月籌
邊軍餉共銀三萬兩辦解内務府十三年冬季
分赤金價銀九千二百五十兩造辦處十三年
冬季分赤金價銀九千二百五十兩抵還閩省
借款解京改放俸餉銀六千兩外實存四成銀
十六萬二千三百三十二兩二錢五分又本屆
第一百九結期内粤海潮州二關徵收洋船船
鈔土貨半税招商局輪船貨税船鈔土貨半税
及粤海大關徵收子口税潮州新關徵收招商
局輪船洋藥税各項共銀八萬五千五百三十

九一二　兩廣總督張之洞奏折

粤海潮州瓊州北海關征税銀數
(光緒十四年六月十三日)

九兩七錢七分二釐至粤海大關招商局輪船洋藥税潮州新關子口税本屆並無徵收又瓊州廉州北海兩新關自光緒十三年八月十五日起至十一月十七日止計三箇月為第一百九結瓊州北海兩新關徵收正税洋藥税共銀八萬六千二百八十六兩一錢七分二釐又本屆第一百九結瓊州廉州北海兩新關徵收船鈔土貨半税子口税各項共銀一千八百五十兩一錢三分八釐至招商局輪船貨税船鈔洋藥税土貨半税本屆並無徵收所有粤海潮州二關及瓊州廉州北海二新關第一百九結徵

九一二　兩廣總督張之洞奏折
粤海潮州瓊州北海關征税銀數
(光緒十四年六月十三日)

收正税及船鈔子口税洋藥税土貨半税各緣
由除咨總理衙門暨户部外再光緒三年四月
間准户部咨瓊州北海兩關所收洋税既無外
國扣款自毋庸再行分别四成六成報解合併
陳明臣等謹繕列清單會同南洋通商大臣兩
江總督臣曾國荃恭摺具陳伏祈
皇太后
皇上聖鑒謹
奏
該衙門知道單併發
光緒十四年六月　十三　日

九一三　兩廣總督張之洞奏折

粤海潮州瓊州北海關征税銀數（光緒十四年六月十三日）

廣東巡撫臣吴大澂
兩廣總督臣張之洞
粤海關監督臣長有跪

奏爲粤海潮州二關及瓊州廉州北海兩新關第一百十結徵收正税並船鈔土貨半税各銀數

開單

奏報仰祈

聖鑒事竊照光緒十年四月間准户部咨會議各海關洋税奏銷應令遵照定章一律開單奏報一

摺奉

旨依議欽此咨行到粤當經欽遵辦理查粤海潮州二關徵收洋税四成項下銀兩歷准户部並總理各國事務衙門咨每月撥解陝西協餉銀一

萬兩嗣改為籌邊軍餉又每季籌辦内務府造
辦處赤金各五百兩又每結撥解抵還閩省借
款改為加放俸餉銀六千兩又應解南北洋經
費嗣准總理海軍事務衙門咨撥歸海軍衙門
作為常年餉需經費之用各等因所有同治五
年二月十六日第二十三結起至光緒十三年
十一月十七日第一百九結止粵海潮州二關
徵解銀數歷經按結奏報在案茲自光緒十三
年十一月十八日起至十四年二月十九日止
計三箇月為第一百十結粵海潮州二關徵收
正税洋藥税共銀四十五萬八千五百五十六

九一三　兩廣總督張之洞奏折　粤海潮州瓊州北海關征税銀數（光緒十四年六月十三日）

兩二錢九釐核計四成銀十八萬三千四百二
十二兩四錢八分三釐六毫除撥解光緒十三
年五月六月七月籌邊軍餉共銀三萬兩辦解
内務府十四年春季分赤金價銀九千二百五
十兩造辦處十四年春季分赤金價銀九千二
百五十兩抵還閩省借款解京改放俸餉銀六
千兩外實存四成銀十二萬八千九百二十二
兩四錢八分三釐六毫又本屆第一百十結粤
海潮州二關徵收洋船船鈔土貨半税招商局
輪船貨税船鈔洋藥税土貨半税及粤海大關
徵收子口税各項共銀六萬一千四百四十二

九一三　兩廣總督張之洞奏折
粵海潮州瓊州北海關征税銀數
(光緒十四年六月十三日)

兩一錢三分三釐至潮州新關子口税本屆並無徵收又瓊州廉州北海兩新關自光緒十三年十一月十八日起至十四年二月十九日止計三箇月為第一百十結瓊州北海兩新關徵收正税洋藥税共銀八萬七百六十二兩五錢四釐又本屆第一百十結瓊州廉州北海二新關徵收船鈔土貨半税子口税各項共銀三千二百四兩九錢五分至招商局輪船貨税船鈔洋藥税土貨半税本屆並無徵收所有粵海潮州二關及瓊州廉州北海二新關第一百十結徵收正税及船鈔子口税洋藥税土貨半税各

九一三　兩廣總督張之洞奏折

粤海潮州瓊州北海關征税銀數
(光緒十四年六月十三日)

緣由除咨總理衙門暨戶部外再光緒三年四
月間准戶部咨瓊州北海兩關所收洋税既無
外國扣款自毋庸再行分別四成六成報解合
併陳明臣等謹繕列清單會同南洋通商大臣
兩江總督臣曾國荃恭摺具陳伏祈
皇太后
皇上聖鑒謹
奏
該衙門知道單併發
光緒十四年六月　　十三　　日

九一四　兩廣總督張之洞奏折

粵東金價日昂請準粵海關採辦金兩從實報銷(光緒十四年十月十九日)

兩廣總督兼署廣東巡撫臣張之洞
二品銜粵海關監督臣長有跪

奏為粵東金價日昂循照舊章不敷採辦籲懇
天恩敕部查覈明確准予從實報銷謹合詞恭摺具
陳仰祈
聖鑒事竊粵海關於同治七年間承准總管內務府
劄行每季解交庫平足金一千兩以供應用嗣
於光緒元年復承准總管內務府劄行奏准辦
買足金一千兩分解廣儲司銀庫及造辦處各
五百兩等因其時金價每兩約值銀十八兩有
奇連保燕梳在內統共報銷每金一兩合銀十
八兩五錢嗣經戶部指駁以京城足金市價每

九一四　兩廣總督張之洞奏折

粤東金價日昂請準粤海關採辦金兩從實報銷(光緒十四年十月十九日)

金一兩合銀十五兩有奇至十六兩不等著即
敷實開支價銀十六兩不得任意加增經前監
督文銛將粤東金價日漸翔貴不能敷減緣由
據實呈覆並請部亦定價若干將金兩價銀解
部由京採辦未蒙允准復經前監督俊啟博訪
周諮僉稱每金一兩時價值銀二十兩零即照
原價十八兩五錢業已不敷甚多應請仍照原
數開支經户部劄覆以金價長落無定近年金
價昂貴係實在情形准照十八兩五錢開支以
示體恤在案臣長有於上年八月到任報解秋
季足金一千兩其時金價每金一兩值銀二十

九一四　兩廣總督張之洞奏折
粵東金價日昂請準粵海關採辦金兩從實報銷(光緒十四年十月十九日)

三兩六錢深爲駭異明查暗訪果係實情因思
此項足金爲
内廷要需不敢稍延又冀冬間金價漸落截長補
短亦未敢照增長價值開報迄今一年以來金
價有增無減復經札飭南海番禺兩縣查明時
價若干切實具報旋據稟稱查訪明確每金一
兩實需價銀二十四兩八錢更較上年昂貴廣
稽與論實緣洋人通商以來販運各項洋貨各
商均用足金較用洋銀爲便又洋商赴各省貿
易多買足金出洋往返圖利以致各省金價一
律騰貴若每金一兩衹限報銷價銀十八兩五

九一四　兩廣總督張之洞奏折

粵東金價日昂請準粵海關採辦金兩從實報銷(光緒十四年十月十九日)

錢賠累太多力有未逮惟有籲懇
天恩敕下户部覈議將粤海關採辦金兩自明年春季起准照市價長落覈實開銷其上年秋季起至本年冬季止仍照十八兩五錢開報統計前後六季不敷之數悉由臣長有竭力賠補儻以後金價稍賤亦必隨時遞減不敢援為成案致蹈虛糜臣之洞詳加體察亦係實在情形所有粵東金價日昂循照舊章不敷採辦籲懇
天恩敕部查覈明確准予從實報銷緣由謹合詞恭摺具陳伏乞
皇太后

九一四　兩廣總督張之洞奏折

粵東金價日昂請準粵海關採辦金兩從實報銷(光緒十四年十月十九日)

皇上聖鑒謹

奏

戶部議奏

光緒十四年十月十九日

九一五　兩廣總督張之洞奏折

粵海潮州等關征收正稅船鈔銀數
（光緒十四年十二月十三日）

兩廣總督兼署廣東巡撫臣張之洞
粵海關監督臣長有跪

奏為粵海潮州二關及瓊州廉州北海兩新關第
一百十二結徵收正稅並船鈔土貨半稅各銀
數開單
奏報仰祈
聖鑒事竊照光緒十年四月間准戶部咨各海關洋
稅奏銷應令遵照定章一律開單奏報一摺奉
旨依議欽此欽遵行到粵當經欽遵辦理查粵海潮州
二關徵收洋稅四成項下銀兩歷准戶部並總
理各國事務衙門咨每月撥解陝西協餉銀一
萬兩嗣改為籌邊軍餉又每季籌辦內務府造

九一五 兩廣總督張之洞奏折

粤海潮州等關征收正税船鈔銀數(光緒十四年十二月十三日)

辦處赤金各五百兩又每結撥解扺還閩省借
款改為加放俸餉銀六千兩又應解南北洋經
費嗣准總理海軍事務衙門咨撥歸海軍衙門
作為常年餉需經費之用各等因所有各關徵
解銀數歷經按結奏報在案兹自光緒十四年
五月二十二日起至八月二十五日止計三個
月為第一百十二結粤海潮州二關徵收正税
洋藥税共銀五十二萬一十七兩三錢七分五
釐核計四成銀二十萬八千六兩九錢五分除
撥解光緒十三年十一月十二月十四年正月
分籌邊軍餉共銀三萬兩辦解内務府十四年

九一五　兩廣總督張之洞奏折

粤海潮州等關征收正税船鈔銀數
(光緒十四年十二月十三日)

秋季分赤金價銀九千二百五十兩造辦處十
四年秋季分赤金價銀九千二百五十兩抵還
閩省借款解京改放俸餉銀六千兩外實存四
成銀十五萬三千五百六兩九錢五分又粤海
潮州二關徵收洋船船鈔土貨半税招商局輪
船貨税洋藥税土貨半税及粤海大關徵收子
口税招商局輪船船鈔各項共銀七萬六千一
百六兩六錢二分一釐至潮州新關子口税招
商局輪船船鈔本屆並無徵收又本屆第一百
十二結瓊州北海兩新關徵收正税洋藥税共
銀七萬五千三百六十三兩一錢一釐徵收船

鈔土貨半税子口税各項共銀二千八百十六
兩四錢一分九釐至招商局輪船貨税船鈔洋
藥税土貨半税本屆並無徵收再光緒四年四
月間准户部咨瓊州北海兩新關所收洋税既
無外國扣款自毋庸再行分別四成六成報解
等因在案所有粤海潮州二關及瓊州廉州北
海二新關第一百十二結徵收正税及船鈔子
口税洋藥税土貨半税各緣由除咨總理衙門
暨户部外謹繕列清單會同南洋通商大臣兩
江總督臣曾國荃恭摺
奏陳再廣東巡撫係臣之洞兼署毋庸會銜合併

九一五　兩廣總督張之洞奏折　粤海潮州等關征收正税船鈔銀數（光緒十四年十二月十三日）

九一五　兩廣總督張之洞奏折

粤海潮州等關征收正税船鈔銀數
（光緒十四年十二月十三日）

陳明伏祈

皇太后

皇上聖鑒謹

奏

該衙門知道單併發

光緒十四年十二月　十三　日

九一六 兩廣總督張之洞奏折

粤東洋務繁重請援南北洋成案辦理洋務人員奬敘(光緒十四年十二月十三日)

兩廣總督兼署廣東巡撫臣張之洞跪

奏爲粤東洋務繁重懇請援照南北洋成案辦理洋務人員每屆三年給予奬敘一次恭摺仰祈

聖鑒事竊照粤東遠控南洋近連港澳廣州口岸爲各國麕聚之區即潮州之汕頭瓊州之海口廉州之北海均屬通商處所洋舶所至洋人所居交涉事繁變幻百出舉凡海防教案關税釐金在在與吏治民生相爲維繫因應或失乎機宜則操縱難期於適當故人材亟宜培植而洋務尤當講求臣抵任後酌度情形於光緒十二年六月飭將督糧道署向設之洋務局裁併改設

九一六　兩廣總督張之洞奏折

粵東洋務繁重請援南北洋成案辦理洋務人員獎敘(光緒十四年十二月十三日)

洋務處一所即委藩臬運三司暨糧道會同籌
畫並選擇正佐各員有明習條約通知洋情而
又素行端謹者充當委員隨同辦理俾資歷練
於光緒十三年閏四月二十日附片
奏明在案臣維廣益必本於集思儲材尤資夫獎
勵洋務處自開辦以來在事各員隨臣辦理悉
皆詳慎研求殫精竭慮於一切交涉事件頗能
領會約章深明竅要累月經年尚無貽誤均屬
著有微勞查南北洋口岸辦理洋務人員每屆
三年給獎一次迭經奏
旨允准在案廣東通商口岸四處之多且與香港澳

九一六　兩廣總督張之洞奏折

粤東洋務繁重請援南北洋成案辦理洋務人員獎叙(光緒十四年十二月十三日)

門毗連交涉事件尤為繁重較之南北洋情形
實無區别合無仰懇
天恩俯准援照南北洋成案每届三年期滿准予獎
敘一次以彰成效而勵將來如蒙
俞允臣當遵照光緒九年部咨
奏定章程將洋務差委各員銜名先行咨部立案
所有粤東辦理洋務人員懇請援案每届三年
獎敘一次緣由理合恭摺具陳伏祈
皇太后
皇上聖鑒再廣東巡撫係臣兼署毋庸會銜合併陳
明謹

九一六　兩廣總督張之洞奏折

粵東洋務繁重請援南北洋成案辦理洋務人員獎叙(光緒十四年十二月十三日)

奏

吏部議奏

光緒十四年十二月　十三　日

九一七　兩廣總督張之洞奏折

粤海關收支洋税實在情形

(光緒十五年三月二十八日)

再前准户部咨粤海關歷結收支洋税數目嗣後務將開除項下支用四六成内各銀數詳細開單奏報至洋藥釐税銀亦應另款奏報等因當即由臣之洞咨會到臣長有查照辦理臣長有伏查粤海關徵收有定指撥無窮通年合計撥款多於收款不啻一倍以致入不敷出歷屆籌解京外各餉均向銀號先行借墊俟有税收陸續歸還是以現年所徵之税不能解現年所撥之餉而現年應解之餉又須復行借墊欠新還舊輾轉騰挪近年洋税奏銷業已不敷至四百餘萬若必遵照户部劃行分晰管收除在四

九一七　兩廣總督張之洞奏折
粵海關收支洋稅實在情形
(光緒十五年三月二十八日)

柱徵論舊管實在二柱均歸烏有即開除一柱
既不能劃出何項所收歸還何項所借亦不能
指定某結所入撥抵某結不敷縱使強爲牽合
而入數出數轉致轇轕眉目不清蓋洋稅六成
項下一有徵存即須儘數歸還銀號借墊無可
開除非若四成項下祇有額支金兩價值等數
款可以隨結聲敘至洋藥稅一項現在均歸稅
務司併徵業經另款奏報惟洋稅六成項下不
能按結開列支數應請仍照向章辦理以免紛
歧與臣之洞往復咨商尚係實在情形除咨覆
户部外謹合詞附片具

九一七　兩廣總督張之洞奏折

粵海關收支洋税實在情形

(光緒十五年三月二十八日)

奏伏祈

聖鑒謹

奏

户部知道

九一八　粤海關監督長有奏折

大關等關收支洋税總數（光緒十五年五月初九日）

二品銜粤海關監督奴才長有跪

奏為光緒十二年分洋税第一百一結至第一百四結一年期内大關及潮州瓊州北海各新關收支總數開單恭摺具報仰祈

聖鑒事竊照同治二年十一月間奉部劄行

奏准將各海關洋税收支數目均以咸豐十年八月十七日為始仍按三箇月奏報一次扣足四結專摺奏銷一次仍從第一結起造具每結四柱清册送部查覈毋庸按照關期題銷以清界劃而免牽延其各關應徵常税仍令各按關期照常題銷以符舊制又光緒十年四月間奉户

九一八　粵海關監督長有奏折　大關等關收支洋税總數（光緒十五年五月初九日）

部劄本部會議各海關洋税奏銷辦理未能畫一應令遵照定章一律開單奏報一摺於光緒十年二月二十五日具奏本日奉
旨依議欽此鈔錄原奏劄行欽遵辦理概不准以收支數目串入原摺等因伏查粵海關洋税光緒十一年分第九十七結至一百結一年期内收支總數業經
奏報在案兹光緒十二年分自光緒十一年八月二十三日第一百一結起至十二年九月初三日第一百四結止所有大關及湖州瓊州北海各新關洋税收支各數目除遵照扣足四結爲

九一八　粤海關監督長有奏折　大關等關收支洋税總數（光緒十五年五月初九日）

一年造具四柱清冊送部查覈外再查奉撥京
餉及例解廣儲司公用銀兩均屬支放要需亟
應依限籌解若俟庫有徵存誠恐遲誤勢只有
設法騰挪先向西商通融墊解仍歸入下年分
徵收税項内撥抵衆辦謹將光緒十二年分洋
税收支各數繕列清單恭摺具
奏伏乞
皇上聖鑒謹
奏
該衙門知道單併發
光緒十五年五月　　初九　　日

九一九　粤海關監督長有奏折

九龍拱北二關常税仍歸粤關開銷
（光緒十五年十月二十五日）

二品銜粤海關監督奴才長有跪

奏爲九龍拱北兩關常税仍歸粤關開銷免其報
解遵照部覆籲懇
恩准立案恭摺縷陳仰祈
聖鑒事竊粤海關於同治十年間在新安縣屬附近
香港之汲水門長洲佛頭洲九龍香山縣屬附
近澳門之小馬溜洲前山地方設立六廠徵收
洋藥正税嗣因香澳界連外洋爲各船出入必
由之地復於汲水門等處設立紅單廠帶徵常
税曾經
奏明係因堵截繞越歸補粤關徵收之不足所徵

九一九　粤海關監督長有奏折

九龍拱北二關常税仍歸粤關開銷（光緒十五年十月二十五日）

税項歷年均於年終歸入粤關常税收數内造
報自光緒十三年間奉到總理各國事務衙門
劄行所有六廠洋藥統歸新派九龍拱北關税
務司釐税併徵其華船常税經過六廠者如無
各關經税紅單亦歸税務司經理當經前監督
增潤將每年應進
貢品及一切善舉各項用度約需銀十餘萬兩又
籌備
三海工程一百萬兩案内每年須還洋款本息銀
十萬餘兩前奉户部劄行派撥京員津貼銀四
萬兩並未作正開銷均不能不在常税取給若

九一九 粤海關監督長有奏折 九龍拱北二關常税仍歸粤關開銷(光緒十五年十月二十五日)

將各廠常税歸税務司併徵則以上各款無從
支應實在情形函達總理各國事務衙門覈辦
旋承准電覆嗣後税司所收百貨常税仍解關
署所有
傳辦事件洋債還款及一切用項均歎開銷等因
是此項常税仍歸粤關開銷業經總理各國事
務衙門於開辦時電覆在案嗣於本年正月間
承准户部劄行着將改設九拱兩關所徵百貨
常税銀兩解部等因查九拱兩關自光緒十三
年五月十一日第一百八結起歸税司代徵至
一百十二結期滿止共一年零三箇月經徵銀

九一九 粤海關監督長有奏折

九龍拱北二關常税仍歸粤關開銷

(光緒十五年十月二十五日)

三十萬六千五百六十九兩零而粤海關每年

應支

育款洋債京員津貼改爲加復俸餉應需銀三十

三萬五千餘兩若以四結爲一年覈計自一百

八結至一百十一結止僅徵銀二十二萬六千

五百十兩四錢三分四釐全數抵撥尚屬不敷

甚鉅當經分别呈明總理各國事務衙門户部

請照當時原電將九拱兩關百貨常税免其報

解俾得開銷兹准户部劄覆查與奏咨報部案

據飭令自行奏明辦理等因伏思此項税收既

經前監督增潤將覈實支銷情由函達總理各

九一九　粤海關監督長有奏折

九龍拱北二關常税仍歸粤關開銷
(光緒十五年十月二十五日)

國事務衙門承准電覆有案自應
奏明籲懇
恩准立案永遠遵辦所有九拱兩關税務司代徵常
税仍歸粤關開銷免其報解俾得辦公有藉除
再行呈明總理各國事務衙門戶部察照外理
合將遵照部覆立案緣由恭摺縷陳伏乞
皇上聖鑒謹
奏

該衙門知道

光緒十五年十月二十五日

九二〇 兩廣總督李瀚章奏折

粵海潮州等關征收各税銀數

(光緒十五年十一月十八日)

署理廣東巡撫布政使臣游智開
頭品頂戴兩廣總督臣李瀚章
粵海關監督臣長有
跪

奏為粵海潮州二關及瓊州廉州北海兩新關第一百十四結徵收正税並船鈔土貨半税各銀數開單

奏報仰祈

聖鑒事竊照光緒十年四月間准戶部咨各海關洋税奏銷應令遵照定章一律開單奏報一摺奉

旨依議欽此咨行到粵當經欽遵辦理查粵海潮州二關徵收洋税四成項下銀兩歷准戶部並總理各國事務衙門咨每月撥解陝西協餉銀一萬兩嗣改為籌邊軍餉又每季籌辦內務府造

辦處赤金各五百兩又每結撥解抵還閩省借
款改為加放俸餉銀六千兩又應解南北洋經
費嗣准總理海軍事務衙門咨撥歸海軍衙門
作為常年餉需經費之用各等因所有各關徵
解銀數歷經按結奏報在案兹自光緒十四年
十一月三十日起至十五年三月初一日止計
三箇月為第一百十四結粵海潮州二關徵收
正税共銀二十六萬六千三百六十兩七錢九
分核計四成銀十萬六千五百四十四兩三錢
一分六釐除撥解光緒十四年五月六月七月
分籌邊軍餉共銀三萬兩辦解内務府十五年

九二〇　兩廣總督李瀚章奏折

粤海潮州等關征收各税銀數
(光緒十五年十一月十八日)

春季分赤金價銀一萬兩造辦處十五年春季
分赤金價銀一萬兩抵還閩省借款解京改放
俸餉銀六千兩外實存四成銀五萬五百四十
四兩三錢一分六釐又粤海潮州二關徵收洋
船船鈔土貨半税招商局輪船貨税土貨半税
及粤海大關招商局輪船船鈔各項共銀六萬
三千二百三兩三錢四分二釐至粤海潮州兩
關子口税並潮州新關招商局輪船船鈔本屆
並無徵收又本屆第一百十四結瓊州北海兩
新關徵收正税共銀五萬六千二百八十二兩
三分三釐徵收船鈔土貨半税子口税各項共

銀五千三百三十八兩一錢七分三釐至招商
局輪船貨税船鈔土貨半税本届並無徵收再
光緒四年四月間准户部咨瓊州北海兩新關
所收洋税既無外國扣款自毋庸再行分别四
成六成報解等因在案所有粤海潮州二關及
瓊州廉州北海二新關第一百十四結徵收正
税及船鈔子口税土貨半税各緣由除咨總理
衙門暨户部外謹繕列清單會同南洋通商大
臣兩江總督臣曾國荃恭摺
奏陳伏祈
皇上聖鑒謹

九二〇　兩廣總督李瀚章奏折

粵海潮州等關征收各稅銀數
（光緒十五年十一月十八日）

奏

該衙門知道單併發

光緒十五年十一月　十八　日

九二一　兩廣總督李瀚章奏折

粵海潮州等關征收洋藥稅銀數

(光緒十五年十一月十八日)

署理廣東巡撫布政使臣游智開
頭品頂戴兩廣總督臣李瀚章跪
粵海關監督臣長有

奏為粵海潮州二關及瓊州廉州北海兩新關第一百十四結徵收洋藥稅銀數開單
奏報仰祈
聖鑒事竊照光緒十年四月間准戶部咨各海關洋稅奏銷應令遵照定章一律開單奏報一摺奉
旨依議欽此又光緒十五年四月間准戶部咨洋藥稅銀另款奏報毋再併入洋稅案內以免轇轕等因當經咨商辦理茲自光緒十四年十一月三十日起至十五年三月初一日止計三箇月為第一百十四結粵海潮州二關徵收洋藥稅

九二一　兩廣總督李瀚章奏折

粤海潮州等關征收洋藥税銀數(光緒十五年十一月十八日)

共銀十三萬八千三百七十二兩六錢四分七釐核計四成銀五萬五千三百四十九兩五分八釐八毫又潮州新關徵收招商局輪船洋藥税及瓊州廉州北海兩新關徵收洋藥税共銀一萬六千九百十五兩三錢五分至粤海大關瓊州廉州北海兩新關招商局輪船洋藥税本屆並無徵收再光緒四年四月間准户部咨瓊州北海兩新關所收洋税既無外國扣款自毋庸再行分别四成六成報解等因在案所有粤海潮州二關及瓊州廉州北海兩新關第一百十四結徵收洋藥税緣由除咨總理衙門暨户

九二一　兩廣總督李瀚章奏折

粤海潮州等關征收洋藥稅銀數

（光緒十五年十一月十八日）

部外謹繕列清單會同南洋通商大臣兩江總

督臣曾國荃恭摺

奏陳伏祈

皇上聖鑒謹

奏

該衙門知道單併發

光緒十五年十一月　十八　日

九二二 兩廣總督李瀚章奏折

港澳建設關廠需用經費地價銀兩請立案（光緒十八年三月二十日）

頭品頂戴兩廣總督臣李瀚章跪

奏為建設關廠需用經費地價銀兩奏明立案恭

摺仰祈

聖鑒事竊照香港澳門設立粵海分關其附近香港

者在九龍灣地方經總理衙門擬名九龍關前

經札委候補知府富純會同地方官及稅務司

馬根勘定在九龍灣荔枝角地方按照內地款

式建造關廠並委員公所其房屋間格大小係

該稅司自行酌定以期適用覈實估計共需工

料銀九千八百六十八兩六錢九分即在關款

撥用又據新安縣知縣楊維培查明建廠估用

九二二 兩廣總督李瀚章奏折
港澳建設關廠需用經費地價銀兩請立案(光緒十八年三月二十日)

稅地及遷徙民居共應給價銀一千二百五十
八兩二錢七分一釐應由司庫撥款發縣分給
各業户收領據管理海防善後局廣東藩司覺
羅成允等查覈尚無浮冒詳請
奏咨立案前來臣覆覈無異除飭將一切細數另
行造報並咨部查照外理合繕摺具陳伏乞
皇上聖鑒飭部立案再廣東巡撫係臣兼署毋庸會
銜合併陳明謹
奏
該部知道
光緒十八年三月　二十　日

九二三　兩廣總督李瀚章奏折

查明廣東省厘捐各廠無可裁并緣由
（光緒二十年九月二十六日）

協辦大學士兩廣總督臣李瀚章跪

奏為查明廣東省現設釐捐各廠無可裁併據實

恭摺覆陳仰祈

聖鑒事竊臣准戶部咨光緒二十年六月十二日奉

上諭御史鄭思賀奏請飭裁併各省釐局等語各省現設局卡仍復不少江西釐局多至七十餘處亟應再加申禁著江西巡撫及直省督撫將現設各局悉心籌畫酌留水陸衝要處所認真稽查嚴防繞越偷漏其餘零星局卡即著核實刪減仍將裁定數目迅速覆奏等因欽此咨行到臣仰見我

皇上軫念商民加意體恤實深欽感當經轉行欽遵

辦理去後茲據管理釐務局廣東藩司成允等
詳稱廣東通省所設釐廠約有四端一曰內河
釐廠分設廣肇惠韶四府共係八處相距各百
數十里其支河小港從未設卡凡行走內河貨
物收過起驗兩次釐金後概不再抽一曰外海
釐廠分設高廉雷三府共係四處捐抽出進海
口繞越內河之貨一曰各埠坐賈分設粵東省
城及南海縣之佛山順德縣之陳村新會縣之
江門四處海船繞載貨物到埠分別補抽與外
海各廠相輔而行不相重複一曰海口半釐設
於省河專抽海口進出輪渡釐金其收數照章

九二三 兩廣總督李瀚章奏折

查明廣東省厘捐各廠無可裁并緣由
(光緒二十年九月二十六日)

減半故曰半釐係光緒十三年裁撤新香六廠
後所設與前項省埠坐賈迥為二宗亦非重複
以上各廠均係衝要之區照章辦理悉心籌酌
無可刪裁其潮州瓊州二府向無釐廠詳請具
奏前來臣查釐捐已行數十年商賈久熟情形咸
工計較廣東山海交錯道路紛歧稽查斷難周
密寬以招之則遵行大路而釐可抽收嚴以迫
之則各趨僻徑而釐將無出向設各廠皆相離
較遠惟期扼要稽徵斷不苛累商民驅之繞越
若再行裁併不但餉需有缺且必致黠者取巧
愿者遵捐亦未足以昭公允該司道所稱無可

九二三 兩廣總督李瀚章奏折

查明廣東省厘捐各廠無可裁并緣由

(光緒二十年九月二十六日)

裁併係屬實情應請照舊辦理除隨時訪查不

許官吏司役藉端需索外所有廣東釐廠無可

裁併緣由理合繕摺具陳伏祈

皇上聖鑒訓示謹

奏

知道了

光緒二十年九月 二十六 日

九二四　兩廣總督譚鐘麟奏折

廣東三水縣設關通商應歸何員專管請
旨定奪（光緒二十三年三月十二日）

太子少保頭品頂戴兵部尚書兩廣總督臣譚鐘麟
頭品頂戴廣東巡撫臣許振褘跪

奏為廣東三水縣設關通商應歸何員專管請
旨定奪恭摺仰祈
聖鑒事竊臣鐘麟於本年正月二十七日接總理各
國事務衙門函開西江通商梧州關以桂平梧
道管理三水關應以廣東糧道管理為宜等因
即經遵照飭辦二月初八日總署電催速派糧
道與稅司酌議布置一切初十日復接總署來
電稱不派糧道囑與粵海關監督會商妥辦臣
鐘麟以各省皆係關道經理稅務兼辦交涉事
宜今派監督似近更張隨即電請總署戶部會

九二四　兩廣總督譚鐘麟奏折

廣東三水縣設關通商應歸何員專管請
旨定奪(光緒二十三年三月十二日)

奏請
旨遵行如派監督則以後交涉事件令其一手經理
庶有責成旋接總署電復歸監督管理係專指
税務而言交涉事件應否仍派糧道經理囑即
會同撫臣分別奏辦臣等伏查内江開關與廣
東瓊廉潮各海口情形有別各省内江均用關
道從前如鎮江蕪湖漢口重慶近時如蘇州杭
州交涉税務均由關道管理原為事權歸一則
呼應靈通若税務歸監督則糧道有關道之名
而不辦關税之事循名責實似覺未符監督僅
管税務而不管交涉各事辦理兩歧殊非久遠

九二四　兩廣總督譚鐘麟奏折

廣東三水縣設關通商應歸何員專管請
旨定奪(光緒二十三年三月十二日)

之計究應派何員管理臣等未敢擅請相應據
實奏明候
旨定奪至粵海關監督所稱三水開關則海關税必
減色藩司釐局則稱開關後内江釐金必至減
半各以解款無着爲慮均屬實在情形惟關税
與釐金同爲公款此贏彼絀於公家並無出入
海關釐局歲徵若干均報部有案由前證後贏
絀立明三水關創辦之初徵收尚無把握擬請
俟開關後查核一年收數照常税釐金各數目
按成分撥庶幾兩得其平是否有當謹合詞恭
摺具陳伏乞

九二四　兩廣總督譚鍾麟奏折

廣東三水縣設關通商應歸何員專管請旨定奪(光緒二十三年三月十二日)

皇上聖鑒訓示謹

奏

該衙門速議具奏

光緒二十三年三月　十二　日

九二五　閩浙總督許應騤奏折

開辦福寧府屬之三都澳口岸詳細情形(光緒二十五年四月初二日)

閩浙總督兼署福州將軍臣許應騤跪

奏為開辦福甯府屬之三都澳口岸詳細情形並
將事宜列款開單繪具圖説恭摺具陳仰祈
聖鑒事竊照總理衙門
奏准於福甯府屬之三都澳添開口岸咨行查照
疊委文武各員同税務司單爾前往勘辦稟覆
業經電請總理衙門代
奏定三月二十九日開關謹將詳細情形為我
皇太后
皇上陳之查三都澳居東沖口内由西之金鎖門進
為日門水程約三十餘里由東之官井洋進為

九二五　閩浙總督許應騤奏折

開辦福寧府屬之三都澳口岸詳細情形(光緒二十五年四月初二日)

大門水程約四十餘里島形橢長周環約六十餘里港水瀠帶羣嶼糾紛島中村落二十餘處民居約三百餘户以耕種漁樵為業島之陰北向水淺灘多僅利行駛小船島之陽南向水深處雖鋼甲巨艦隨時可入無須候汛現開商埠華洋互市福甯土産以茶葉為大宗從前悉由民夫挑運福州行棧轉售出洋脚力不資茲就島發售逕由東沖出洋省費不少必為華洋商人所樂從惟華商辦茶須有行棧囤積創辦伊始風氣未開宜先由官創造茶葉屯棧租與商人租賃得價必多聞風赴島購造可期櫛比鱗

九二五　閩浙總督許應騤奏折　開辦福寧府屬之三都澳口岸詳細情形（光緒二十五年四月初二日）

次漸成都會商務既興輪船必集該島由港口
尾至龍歇岐中壟一灘長寬各約一里潮則没
而汐則見輪船泊於灘外諸多不便宜於灘邊
横築一隄以捍外潮而培内地日後基址堅實
可建街衢又於前岐村蕎田頭兩處修築路途
運達海濱以便起卸貨物所有應辦事宜行據
福建通商局司道詳請
奏咨前來臣查三都澳居長門之背為閩省後路
門戸水深風静最利屯船亟宜開為口岸以益
商務而擴利源現已擬設文武各員惟建造衙
署尚需時日所有交涉事件應暫委員辦理其

稅關公所現未建成先派藝新輪船停泊爲稅
務司等辦公之所其餘應辦事件均飭迅速妥
辦詳細條款開列清單並繪圖説恭呈
御覽理合將開辦三都澳口岸緣由恭摺具陳伏乞
皇太后
皇上聖鑒訓示再福州將軍係臣兼署毋庸會銜合
併陳明謹
奏
該衙門議奏單圖併發
光緒二十五年四月　初二　日

九二五　閩浙總督許應騤奏折
開辦福寧府屬之三都澳口岸詳細情形（光緒二十五年四月初二日）

九二六 總税務司赫德致外務部申呈

葡署大臣云澳門設關章程斷難加試辦二字(光緒二十八年十一月初三日)

外務部 收

總税司申呈一件

申復澳門設關試辦章程事當即面告
何大臣據云所議各條斷難加試辦二字並
聞開關後另定條目可作為試辦之章即應畫
押結案等語若貴部以為可行即應定期畫押
請示復由

署左侍郎 那 月 日

軍機大臣文淵閣大學士會辦大臣王 月 日

總理外務部事務和碩慶親王 月 日

軍機大臣尚書會辦大臣瞿 月 日

署右侍郎 聯 月 日

光緒二十八年十一月 初四日 冬字 六十八號

九二六 總稅務司赫德致外務部申呈

葡署大臣云澳門設關章程斷難加試辦二字（光緒二十八年十一月初三日）

欽加太子少保銜花翎頭品頂戴二等第一寶星總稅務司赫德為
申復事奉到十月二十七日
鈞劄内開中葡約載澳門設立分關一事本部於九月
二十六日劄行總稅務司會同葡國阿參贊商議在
案茲據申稱中國在澳界内設關與在中國地方設
關大不相同擬議此事者須設法妥訂不致與界内
之主權有礙亦不致與界外之主權有損更須設法
議定一日後會辦實力奉行之法以便徵稅緝私兩
得其宜所有會商之條款即本此意擬議等因並將
會議辦法十一條鈔呈核復前來本部查所議各條
尚屬妥洽可以作為試辦章程相應劄行總稅務司
遵照等因奉此當將各條妥洽可作試辦章程之語

九二六　總税務司赫德致外務部申呈

葡署大臣云澳門設關章程斷難加試辦二字(光緒二十八年十一月初三日)

面告葡署大臣知照據云現在兩面奉派所議之十一條斷難加以試辦二字緣所議各條應視為條約附件照第十一條所載與條約一併施行此十一條即係澳地設關之大綱領一經定明必俟修約之期方能增改至開關事宜該處應另行酌定之詳細條目自可作為試辦之章隨時隨事酌改所議各條既屬妥洽即應畫押結案等語伏思事關撤徵設關此興彼廢之澳事誠如該署大臣所云難加試辦二字若開辦後見有不妥之處至修約之期方可另訂現議之件若

貴部以為可行即應繕具兩分訂期彼此畫押分别呈送銷差可也現奉前因理合備文呈請

九二六　總税務司赫德致外務部申呈　葡署大臣云澳門設關章程斷難加試辦二字(光緒二十八年十一月初三日)

鑒核，再行示復爲荷。須至申呈者。

右　申　呈

欽命全權大臣便宜行事總理外務部事務和碩慶親王

光緒貳拾捌年拾壹月初叁日

九二六 總税務司赫德致外務部申呈

葡署大臣云澳門設關章程斷難加試辦二字（光緒二十八年十一月初三日）

總辦 陳名侃 閏 十月初四 日

司 月 日

歸 榷 司收 應

列 字 號 稿

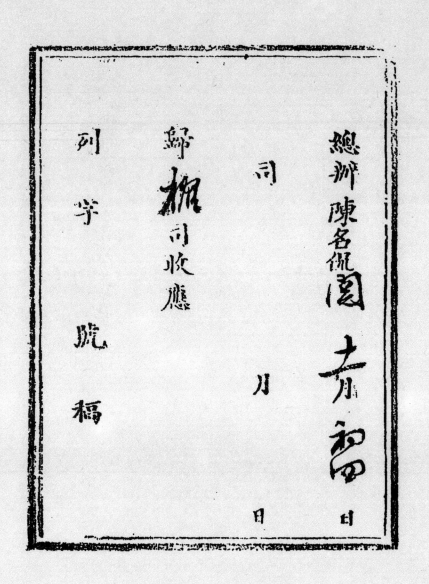

九二七　署理兩廣總督岑春煊奏折

廣東實難禁革賭餉減免雜捐緣由

（光緒二十九年九月二十九日）

頭品頂戴兵部尚書銜署理兩廣總督臣岑春煊跪

奏為廣東歲入不敷甚鉅賭餉雜捐成為大宗籌
抵須俟將來此時實難禁免恭摺仰祈
聖鑒事竊前承准軍機大臣字寄光緒二十九年五
月初一日奉
上諭都察院代遞廣東道員潘文鐸請革秕政以清
盜源一摺廣東闈姓久經承餉暫毋庸議此外各
項賭局著該督撫查明情形即行禁革並將緝捕
經費妥籌辦理以靖盜風原摺著鈔給閱看將此
諭令知之欽此又准字寄五月初十日奉
上諭都察院代奏廣東紳士知縣劉士驥等呈稱廣

九二七　署理兩廣總督岑春煊奏折

廣東實難禁革賭餉減免雜捐緣由
（光緒二十九年九月二十九日）

東捐項繁瑣民不堪命請分別減免以固人心而
杜亂源等語從來民為邦命當此時事艱難尤以
收拾人心為要義若如所呈各節名目煩苛民力
何以堪此著岑春煊確切查明其實係刻剝擾民
者即行裁撤其有於民間尚不擾累而足以裨補
餉需者亦須嚴定章程毋令官吏從中舞弊魚肉
百姓以副朝廷軫念民艱至意原呈著鈔給閱看
將此諭令知之欽此先後奉
旨寄信並照鈔原摺原呈前來查閱原摺原呈一則
極言賭餉之害一則備陳雜捐之苛
朝廷重念民依令即確查裁禁屬在封疆敢不仰體

九二七　署理兩廣總督岑春煊奏折
廣東實難禁革賭餉減免雜捐緣由
(光緒二十九年九月二十九日)

時臣正赴廣西辦匪當經會檄各司局遵照查
察從長計議及臣回東後悉心體察反覆籌思
實有未能遽事禁免者敢爲我
皇太后
皇上約畧言之查廣東賭餉雜捐貽害困人誠非淺
鮮然欲圖維禁免先須另籌抵款抵款若輕尚
易爲力乃此賭餉雜捐約得歲入之半何從謀
此鉅款以爲抵制查廣東歲出約一千二百萬
歲入不過九百餘萬不敷幾及三百萬而所入
九百萬中地丁鹽課釐金等常經之款僅得四
五百萬賭餉雜捐不得已之徵取竟多至四百

九二七　署理兩廣總督岑春煊奏折

廣東實難禁革賭餉減免雜捐緣由

（光緒二十九年九月二十九日）

餘萬無論似此巨款別無可籌即偶有所得惟
彌補不敷之不暇亦不能計及禁免覩四民之
窮蹙恨不一掃繁苛總歲計之短虧無計免夫
掊克事出兩難術乏兼善此當事者不得已之
苦衷而非局外人可以但論一端也前此會奏
民情困苦賠款數巨難籌陳懇量予減免摺內
聲明一面將通省用款力求撙節並設法興辦
礦墾種植諸務但使有一分生利之源即可除
一分斂民之政庶閭閻困苦得以漸蘇等語惟
有仍本此意勉圖將來之效近更以鹽務積久
弊生奏請設局清釐整頓如能整頓得法集有

九二七　署理兩廣總督岑春煊奏折

廣東實難禁革賭餉減免雜捐緣由
(光緒二十九年九月二十九日)

巨款然後再議禁革賭餉減免雜捐此時支絀
已甚實不克遽言禁免至辦餉辦捐無不明定
章程嚴禁需索自奉三月十五日
懿旨緩辦印花税嚴誡官吏科派之後經收各項已無
敢彰明浮濫者如有所聞亦必隨時嚴懲決不
姑容其雜捐中實在苛細之蔗糖塘魚各捐先
已飭行停罷原呈所謂祠堂捐牙擦捐攤擔捐
碓坎捐或未經開辦或早已駁斥尚不致瑣屑
猥鄙至於如此之極據兼署布政司程儀洛會
同善後局司道先後詳請
奏覆前來臣覆核無異謹會同廣東撫臣張人駿

九二七　署理兩廣總督岑春煊奏折　廣東實難禁革賭餉減免雜捐緣由（光緒二十九年九月二十九日）

合詞恭摺具陳伏乞

皇太后

皇上聖鑒訓示謹

奏

知道了

光緒二十九年九月　二十九　日

九二八　署理廣東巡撫李興鋭奏折

粤海關匯解俄法還款(光緒二十九年九月二十九日)

再查應還俄法本息奉文由各海關洋稅洋藥稅釐項下攤派每年派粤海關三十六萬兩解赴江海關道交納分作兩次於三月解交六成九月解交四成又因佛郎鎊價昂貴原撥銀數不敷酌量加撥將粤海關每年加撥銀九萬兩亦按兩次分成隨解計每年共應解銀四十五萬兩歷經遵照籌解所有光緒二十九年分解款已於三月間解過正撥加撥六成銀二十七萬兩隨時附

奏在案兹查九月屆限尚有四成俄法還款銀一十四萬四千兩四成加撥銀三萬六千兩共銀

九二八 署理廣東巡撫李興鋭奏折 粤海關匯解俄法還款(光緒二十九年九月二十九日)

一十八萬兩設法籌足先後備文發交西商志成信協成乾銀號匯解江海關道交納應用除咨户部查照外謹會同粤海關監督臣常恩附片陳明伏乞

聖鑒謹

奏

該部知道

九二九 鐵路大臣盛宣懷奏折

廣澳鐵路議訂中葡商辦合同條款

（光緒三十年十二月十五日）

四

○奏

盛宣懷 廣澳鐵路議訂合同由

咨外務部 正月初七日

太子少保鐵路大臣兼工部左侍郎臣盛宣懷跪

奏為廣澳鐵路遵照部示議訂中葡商辦合同

條款謹繕摺仰祈

聖鑒事竊臣疊次承准外務部咨中葡鐵路公司建

造由澳門至廣東省城鐵路業經於中葡條

九二九　鐵路大臣盛宣懷奏折

廣澳鐵路議訂中葡商辦合同條款

（光緒三十年十二月十五日）

約集內准告訂八辦法，與該公司議立合同，並
函示訓條，以華洋合辦之局，必須執定商辦，不
與兩國國家相涉，爲第一要義，那令葡商籌辦
前來。時葡使白朗穀來滬會議商約，帶同葡商
柏多祿，併議鐵路，所進條款，應該若某日以路
屬商辦，由商部遴派華商與議，方合體格。擬
部電，仰遵即籌議，遴派粵商林德遠呈請認集
華股，與葡商平權合辦，當即查照部示，與該使
函核磋議，計廣澳鐵路應需資本，華商葡商
各認一半，公司權利當遵
欽定商律，葡國國家不能干預，應築軌路繪圖呈候

九二九　鐵路大臣盛宣懷奏折

廣澳鐵路議訂中葡商辦合同條款

(光緒三十年十二月十五日)

核准方可開工每段工竣後由兩國勘驗與澳門
路皆議定後再抽收稅則方可開車按照商路
機器材料照納關稅官地民產概給租值鐵路
進項除養修費用與給商息外餘準提公積
百分之五按還本銀再照原條以三成歸與中國
國家本銀逐年清還中國即可收路如商議續造
路工程司參用西人餘均華籍總以不越中葡
兩國人為斷聲明中國不代擔保本息該公司
設有虧欠總由中葡兩國國家概不干涉亦
無從償於商議訂合同各條係由隨時商行奏
請回京專李經方鐵路參贊奏進遞陳善

九二九　鐵路大臣盛宣懷奏折

廣澳鐵路議訂中葡商辦合同條款
（光緒三十年十二月十五日）

言與等與白朗穀敖目磋磨並由臣逐條斟審
電請外務部詳加核改因葡使堅執與商約一同
簽字核准部電復改各條尚屬妥協俟臣先
與簽字隨後奏摺
奏請
訓示總計細目三十一條凡扼定商辦宗旨不與兩
國國家相涉之要義似有益以預杜枝節自保
利權除將簽印合同咨送外務部並分諮商部
兩廣總督岑臣查照外理合將議訂中葡公司廣
澳鐵路合同底稿繕具清單恭呈
御覽謹奏
另批准存係由華商林德遠葡商伯多祿議訂公司

九二九　鐵路大臣盛宣懷奏折

廣澳鐵路議訂中葡商辦合同條款
（光緒三十年十二月十五日）

飭籌章程並參酌核辦俾周妥所有議訂廣
澳鐵路合同緣由謹恭摺具陳伏乞
皇太后
皇上聖鑒訓示謹
奏
光緒三十年十二月初四日
硃批外務部知道單併發欽此
十二月十五日

附件一　中葡公司廣澳鐵路合同條款清單（光緒三十年十二月十五日）

謹將遵照部示會訂中葡公司廣澳鐵路合同
條款繕具清單恭呈
御覽
案查光緒二十八年九月十四日
大清國外務部照會大西洋國欽差駐劄北京便宜
行事全權大臣聲明
大清國政府允許所請准在澳門地方設一中葡鐵
路公司安造由澳門至廣東省城之鐵路在案
今將前項照會鈔附本合同後現由

附件一　中葡公司廣澳鐵路合同條款清單（光緒三十年十二月十五日）

大清國欽差督辦鐵路大臣太子少保前工部左侍郎盛與大西洋國駐京便宜行事欽差大臣白在滬將中葡鐵路公司應辦事宜並中葡商董均股平權合辦宗旨往復商酌意見相同並飭令中董林德遠葡董伯多祿於此合同由兩大臣簽押後再行會商訂立公司創辦合同呈請中國鐵路大臣酌核今先將大清國政府允願招商議立中葡廣澳鐵路公司各事宜開列於後

一所有由廣東省城至澳門之鐵路准歸中葡商人招集股分設立公司均股平權合辦承築此項鐵路經理行車事宜應在澳門設立公司總號並在廣東地方設立局所其公司名曰中葡廣澳鐵路公司該公司既係中葡商人合辦則凡關係該鐵路公司事宜葡國國家即不得藉詞干預

二該公司祗常准中葡兩國人會同管理如違此款中國可將准築此項鐵路合同作廢

三造築此項鐵路所需用之資本中葡均平各任
華商得一半股分葡商得一半股分惟葡股之
一半有僑寓澳門之華商並華商之隸他國籍
者在内該公司須訂立創辦合同以憑治理該
公司各項事宜該創辦合同内必須訂明華商
葡商股本權利均平無異因公司股分華人為
多所經地方廣東居多凡有關係該公司股分
及股東權利董事人查帳人及各股東會議等
事之各章程必遵守光緒二十九年十二月初

附件一　中葡公司廣澳鐵路合同條款清單（光緒三十年十二月十五日）

五日之
欽定大清公司商律與所訂立之創辦合同不相違
背即可照行
四該鐵路應經地方尚未勘定今應延請工程司前
往查勘由廣東省垣往澳門之地勢方可定奪
五該鐵路查勘之後繪圖指明此路所應行經過
地方當在何處設立車站並應用房屋廠棧等
處一一繪明呈送
大清國欽差督辦鐵路大臣鑒核俟核准後方可開

工築造此項繪圖應備四分以一分呈送督辦
鐵路大臣其三分由督辦大臣分咨外務部商
部兩廣總督分别存案
六所有查勘地勢經費並築造資本悉歸中葡廣
澳公司支理
七所有中葡廣澳公司所造鐵路其左右兩面各
十英里以内中國政府不能准他人或别公司
築造平行同綫之鐵路
八工程司起首查勘地方及以後起造開工皆必

須由中國督辦鐵路大臣暨大西洋駐劄廣東
省城總領事官預先咨照兩廣總督知悉分別
發給護照與工程司及查勘築路之各等人由
中國各該地方官隨地一體保護
九、所有築此鐵路之時及工竣之後彼此如有辦
論之事須先歸大西洋駐劄廣東省城之總領
事官與兩廣總督會商妥定倘仍不能商妥方
可上稟北京大憲暨大西洋欽差辦理
十凡鐵路所經之地並機器各廠貨倉為該鐵路

所應用之各房屋地段具應如何爲該公司所
購用之辦法開列如左
一如該地係屬官產應由公司報明地方官丈
量升科撥用至此鐵路滿期之日爲止每年
應繳納地租
二該地如係民產或係該處紳士公局之地公
司必須與業主商酌定價彼此合意妥購如
有應納租税公司仍照常完納
三如該地不能合意議妥即由公司就最近之

地方官稟請理妥購買查照該處民間買賣
時價由公司照數向購
四如該地上有廬舍樹木池井等項凡用工本
造成者除地價外必須另給價值其價如不
能定妥即照上款所言辦理
五如該地上有墳塋必須設法繞越如零星小
墳無法繞越除地價外必須從優另給遷葬
之費
六該公司在鐵路經過地方與該地方人民交

易必須公平並力免有損害地方商情等事
該地方人亦不得藉詞阻撓謠言惑衆如有
違犯由公司稟請地方官出示諭禁聲明築
造鐵路原爲推廣商務振興閭閻起見百姓
人等務必各安本分勿滋事端共保平安否
則定必從嚴懲辦

十一 所有開地挖泥挑泥墊土扛挑材料需用工
人應就工程所至地方隨地僱用其僱工之法
應向該處公局紳士商囑定價資僱

十二該公司應僱用巡捕吏夫守護鐵路並鐵路
所應用之各房屋其巡捕吏夫係用華人其夫
頭由官選派
十三鐵路公司願允自行籌款在總車站毘連處
建造房屋一所以便在該處所有鐵路轉運出入
華境之各項貨物由中國海關查驗征抽稅項
十四築造鐵路或全工告竣或一段完工該公司
應稟由中國督辦鐵路大臣暨駐劄廣東省城
大西洋總領事官咨照兩廣總督聲明該全工

或一段築成起首開車行駛

十五全路或一段完工兩廣總督與澳門總督可

商酌在何處地方及如何設法抽收該鐵路車

運入口出口貨物之税俟税務議妥始可行車

十六該鐵路所有儎人運貨之價目則例應由公

司議定

十七該鐵路寬闊之數一切與廣東省城已造鐵

路之闊相同

十八公司儎運材料可任便在公街經過不得阻

撓惟不得損傷人民房屋物件如有損傷公司
應照價認賠如需搭棚為起造房屋或為工人
居住以及材料棧房果係查無窒礙均可搭蓋
該地如屬官產不必給價倘係民地必與業主
酌訂租價完工之後將地交還
十九築此鐵路所需用之石與沙如係官地所產
中國查無妨礙應准公司即在該地採取應用
毋庸給價如係民業必須與地主商訂惟該地
主倘有勒索重價與時價相懸過鉅該地方官

查明該處情形為之設法妥定俾兩面免致受虧
二十公司築此鐵路中國政府並不給地應用亦
不擔保資本之利息惟有准此鐵路公司之事
三項開列如左
一准該公司在近路地方設立水池積水以便
接管引水入該鐵路應用
二准該公司在香山縣地方設立養身衛生院
避暑所各一處
三准該公司設立學堂以葡文教中國幼童備

為繙譯並教鐵路所需工藝以便學成後由
鐵路僱用其學堂應設在何處必先與該地
方官商擇
以上各款所設各等房屋院所之地如係民
業當與地主商訂如係官地升科納稅
二十一倘該鐵路進項可支各項費用及資本銀
每百元每年六元之息並可支每年一次於每
百元內至多提出三元以資積儲供還本銀此
外再有盈餘則作為淨利以三成歸中國

國家其餘按股分給其每年一次所扣還資本之
銀須扣至資本全清後為止至於估計本銀之
法可將該公司帳簿及該公司給股分人觀覽
之年結總數為憑
二十二若該鐵路從行車日起至滿五十年其二
十一款所定積儲供還資本銀款足支清還之
數可將該鐵路及其所應用之各房屋歸之中
國毋庸議價倘其所積儲之銀不足供還資本
之數中國政府必須先與該公司彼此妥商補

償如數交清方將此鐵路歸之中國至於估計
本銀之法可將該公司之帳簿及該公司給股
分人觀覽之年結總數為憑
二十三該公司如有倒欠及帳目糾葛兩國國家
均無干涉並無賠償
二十四除本公司所用巡捕吏夫以守此鐵路外
中國政府務須保護鐵路並鐵路所應用之各
等房屋以及公司所有地方官准設之別等房
院以免為歹人毀壞攻劫

二十五該公司如須裝設電綫及德律風可依此
鐵路之路綫任便設立惟祇能供該鐵路之用
不得收發他人電報
二十六如遇有交戰作亂飢荒之事中國政府如
欲用此鐵路儎運兵丁軍器軍裝糧餉並救濟
物件此項鐵路必須儘先應用所有儎人運物
車價可減半給付平常之日不得減少如遇戰
事該公司亦不得接濟中國之仇敵
二十七所有官員文書及中國郵政局信札包裹

附件一　中葡公司廣澳鐵路合同條款清單（光緒三十年十二月十五日）

該鐵路可代運儎不受價值並按照郵局所定
章程辦理所有章程八條如左
一鐵路祇充中國郵政官局運送包件其民局
及别國官局郵件概不准行運送至各國軍
隊按合同應送各件應由中國郵政局隨同
日行郵件代為由火車寄投
二火車搭客行李郵政局不願擾及惟若風聞
或確知有夾帶郵件之弊致違禁令應如何
辦理之處亦須預訂妥章

三火車往来各處每次開行均應備有合同專
櫃以便郵政局員運送尋常郵件火車開行
時刻倘有改易須於前二日向郵局聲明以
便早諭衆知
四郵政局運送尋常郵件備用專櫃鐵路應不
收費至遇有另用專車之時其專車之費照
各國向例必須格外從廉此項照各國從廉之費尚須另行酌訂
五郵政員役因公上下火車聽其自便不得攔
阻惟須攜有免票為憑倘無免票即照常人

一律看待其免票由各郵政司向鐵路局員
聲領轉發
六火車各站准租蔓屋若干間照納租費並於
各站設立信箱係歸郵政局自行經理其蔓屋租
貴尚須另行酌訂
七所有此章内載郵政局應交鐵路各費均按
每年結清
八嗣後倘有更改之處須由外務部商部准定
方可施行

二十八澳門郵政官局信札包件該鐵路應代運
儎至中國境內所設之第一處中國郵政官局
該鐵路亦不受價值
二十九該鐵路所用工程司各工藝人及各式專
長之人可參用洋人其餘工人均用中國人充
當凡鐵路所派所僱之各等人應由公司專權
派僱
三十凡該鐵路所用之機器及一切材料至中國
境内應照納關税

附件二 外務部爲中葡鐵路公司安造廣澳鐵路事宜致葡國公使照會(光緒三十年十二月十五日)

三十一本合同用漢文葡文英文繕寫各四分共
十二分語意均屬相同倘遇有辨論之事葡文
漢文或有未妥協之處應以英文解明所有之
疑今先在上海訂立畫押以昭信守
光緒三十年十月初五日
西歷一千九百四年十一月十一號
附鈔外務部復葡使照會一件
爲照復事昨准照稱前者本大臣與貴親王所
商爲振興商務起見請

附件二　外務部爲中葡鐵路公司安造廣澳鐵路事宜致葡國公使照會（光緒三十年十二月十五日）

大清國允許在大西洋國地方内欲設之中葡鐵路
公司安造由澳門至廣東省城之鐵路一事既
經彼此酌議妥善今特請將該事敍明照復以
爲妥善之據俾本大臣轉行奏明本國政府等
因均經閱悉本王大臣應允貴大臣所請許在
大西洋國地方欲設之中葡鐵路公司安造由
澳門至廣東省城之鐵路但所有一切辦法須
另行議立合同辦理該合同須由貴國特派之
大臣與本國駐滬督辦鐵路盛大臣商訂辦理

覽

爲此照復貴大臣查照可也

光緒二十八年九月十四日

九三〇　廣東巡撫張人駿奏折

移交粵海關關務日期并接管整頓情形(光緒三十一年二月初九日)

廣東巡撫臣張人駿跪

奏為督臣回東謹將遵

旨移交粵海關務日期暨督臣接管期內整頓情形恭

摺具陳仰祈

聖鑒事竊臣前奉電傳

諭旨粵海關稅務著張人駿先行接管認真整頓俟

岑春煊回東再行移交欽此遵於光緒三十年十

一月初四日接管關務業將接辦日期具摺

奏報在案今督臣岑春煊凱旋抵東謹遵前

旨於光緒三十一年二月初八日將粵海關文卷冊

檔封存關防及收支款目徵存稅銀分別備文

九三〇 廣東巡撫張人駿奏折

移交粵海關關務日期并接管整頓情形(光緒三十一年二月初九日)

列單移交督臣接收辦理竊維粵關徵收向分常洋兩項除洋稅洋藥稅釐由稅務司經理一切皆有定章外其常稅一項監督自行經收有正稅之口稽查之口掛號之口分設於廣惠潮肇高廉雷瓊八府沿海地方遠者千餘里近者百數十里各有總口有分口一府之中分卡多者二十餘處少或三四處向來經理稅務查驗船貨之人有口書有巡役有水手各有缺底合股朋充世代相承視同置產每年由監督將各稅口製籤輪派各書役包徵包解水手則分往各口專司查驗事宜近年附近通商口岸常關

改歸稅務司兼管稍資整頓而書役包辦之口則仍係積弊相沿所收之項除正稅外有所謂擔頭錢單票錢船頭錢手本錢把港錢查艙錢規費錢各名目或按正稅帶收或按船貨抽取向係書役私收入己有私給單票者亦有並不給票者款目碎繁多寡不一大抵書役包辦之弊在於中飽濫支水手查驗之弊在於留難索擾入手之初欲為拔本塞源之計非盡裁書巡水手撤去包辦名目不可從前撫臣蔣益澧之於太平關督臣張之洞之於黃江廠改章伊始均以革除書吏改派委員為首務至今成效卓

九三〇 廣東巡撫張人駿奏折

移交粵海關關務日期并接管整頓情形(光緒三十一年二月初九日)

然粵海關情事相同自可仿照辦理是以臣接辦後即將各口書役水手一律裁撤分派委員前往稽徵易募巡丁俾司查驗均各優給薪水工食責其潔己奉公凡正額以外各款有病於商者悉予禁革其沿襲已久商民相安者一律化私為公儘徵儘解分別填給離款聯票用資攷核其支銷浮冒者核實删除務從撙節不准仍前冗濫至水手一項向由將軍選撥旗丁承充始自康熙年間相沿二百餘年儼同世業該水手在關當差向有帶收船頭飯食等款為備繳旗營公項義學津貼京員旅費及旗丁養贍

九三〇　廣東巡撫張人駿奏折　移交粵海關關務日期并接管整頓情形(光緒三十一年二月初九日)

家口之需現在水手既裁旗營頓失此款辦公
未免拮据而八旗生齒日繁家計艱窘情形亦
殊可憫此項水手向收之款現已提解歸公宿
弊固不可不除而旗營多年辦公養贍之款似
亦未便聽其無着擬懇
天恩仍於新增歸公項下按年撥出旗營公項銀六
千八百六十六元旗丁養贍銀三千九百元共
銀一萬七百六十六元由關按季支送廣州將
軍分别支用轉給作正開銷此臣整頓關務之
大略情形也臣於關務本非素諳此次竭三月
之力訪察鈎稽擇其重且要者先爲改辦其餘

九三〇 廣東巡撫張人駿奏折

移交粵海關關務日期并接管整頓情形(光緒三十一年二月初九日)

詳細節目章程以及稅則參差之處應如何釐
正徵收分卡過多之處應如何酌量裁併因雷
瓊各口距省窵遠情形未能周知一時尚難遽
定所有一切未盡事宜應俟督臣接收後通盤
查明隨時妥籌辦理臣察看情形以後常關歲
收必可較前加增日有起色堪以上慰
宸廑所有督臣移交關務日期暨經管期内整頓情形
理合恭摺具陳伏祈
皇太后
皇上聖鑒訓示謹
奏

九三〇 廣東巡撫張人駿奏折

移交粵海關關務日期并接管整頓情形(光緒三十一年二月初九日)

知道了

光緒三十一年二月 初九 日

九三一 署理兩廣總督岑春煊奏折

接管粵海關關務日期并巡撫整頓關務情形（光緒三十一年二月二十日）

頭品頂戴署理兩廣總督兼管粵海關事務臣岑春煊跪

奏為遵

旨接管粵海關稅務謹將接管日期暨撫臣管理期

內規畫整頓著有成效各情形恭摺具陳仰祈

聖鑒事竊臣於光緒三十年九月二十五日准北京

電傳奉

旨岑春煊電奏悉粵海關監督前有旨歸兩廣總督

管理岑春煊現在督師一時未能回東所有該關

稅務著張人駿暫行接收欽此又於十月十二日

准北京電傳奉

旨張人駿電奏悉粵海關稅務即著張人駿先行接

九三一　署理兩廣總督岑春煊奏折　接管粵海關關務日期并巡撫整頓關務情形(光緒三十一年二月二十日)

管認真整頓俟岑春煊回東再行移交欽此時臣尚在桂林經廣東巡撫臣張人駿於十一月初四日先行接管次第布置具摺
奏報在案茲臣於三十一年正月二十七日自梧回東准撫臣張人駿謹遵前
旨將粵海關文卷冊檔封存關防及支收款目徵存稅銀分別備文造冊於二月初八日委員齎送前來臣即於是日接收管理接見關務處提調坐辦各員查詢先今關務利弊款目情形并詳披檔卷具見撫臣接管三月於應行整頓事宜實能破除情面銳意規畫從前粵關用人營私

蝕税莫甚於包辦各口之書役索擾病商莫甚於查驗貨船之水手撫臣開辦之初首將各口書役水手悉予裁撤選委廉幹之員督率司巡分投考察整頓使二百餘年相沿之積弊爲之一朝掃除各關洋税向歸税司經理近年附近通商口岸之常税亦歸税司兼管此次撫臣派員分赴各關協同税司考求利弊查有書役盤踞關卡收規肥己者立予斥逐其内地各口之向由書役包辦者歲收税項報解無幾私收濫支乃至不可窮詰撫臣釐剔中飽樽節浮糜收款無論正雜鉅細涓滴悉令歸公支款視事之

繁簡分别核給不任稍涉冒濫以故各口按月
報解之數視前頓增常年額支之數視前頓減
體察目前情形約計釐剔撙節之所得每歲增
出銀四十餘萬兩所有增出詳細款目容俟一
年期滿統稽收支確數再行専案
奏咨以昭核實粵東庫儲奇絀羅掘俱窮每歲入
不敷出者三百數十萬兩其間奉提奉撥之款
居三之二即如前大學士剛毅來粵所提裁節
等項指撥匯豐鎊債之一百六十萬餘兩迄今
實在無着者尚七十七萬餘兩經歷任督撫臣
奏請減免未邀户部核准每當提解窘迫之際

九三一　署理兩廣總督岑春煊奏折　接管粵海關關務日期并巡撫整頓關務情形(光緒三十一年二月二十日)

多仰給於息借商款割肉補瘡苟免目前貽誤
現在積虧已鉅借無可借臣與撫藩諸臣正深
焦慮適荷
聖恩將粵海關税務改歸疆臣經理竭力整頓得斯
鉅款合無仰懇
天恩俯念粵東缺額過鉅萬難支持准將關務新增
之銀撥補匯豐鎊價無著之款此外不敷鎊價
容再竭力設法解足如此稍事補苴俾得略資
蘇息否則無米為炊實有束手待斃之勢臣實
不勝企禱待
命之至又此數十萬金者悉賴化私為公適克自無

之有去此積弊始事實難在撫臣公忠夙著惟
期盡所當為而當粵省財政枯竭之時得此常
年有著之款裨益實非淺鮮臣目覩成效卓越
不敢掠人之美可否將撫臣張人駿
量予恩施之處未敢擅擬伏候
聖裁至此次整頓在事各員亦咸能稟承指示任勞
任怨用能將遠近大小各口積年牢不可破之
弊端澈底改革糾正亦有微勞足錄並擬籲懇
鴻施准臣隨後擇尤請獎以示鼓勵現計關務大要
撫臣均已次第興辦惟雷瓊距省窵遠考查各
口情形難遽周知款目尚待核定其稅則間有

九三一　署理兩廣總督岑春煊奏折

接管粤海關關務日期并巡撫整頓關務情形(光緒三十一年二月二十日)

參差分卡或涉過多者亦應分别釐訂裁併所有未盡事宜臣接管後當再悉心講求妥籌辦理總聯裕税恤商交盡其道庶有以副
朝廷整飭關務至意至原頒監督關防經撫臣
奏明封俟繳銷另請换鑄臣接辦後所有關務文牘及收税單照等項均暫用總督關防以昭信守其常洋各税歷年徵收支解銀兩凡在上年十一月初四日以前者亦經撫臣
奏明應由前監督臣常恩自行清理造銷其自上年十一月初四日撫臣接管以後徵收支解款目現已移交到臣將來即遵照户部文行按年

九三一 署理兩廣總督岑春煊奏折 接管粤海關關務日期并巡撫整頓關務情形(光緒三十一年二月二十日)

奏銷以清界畫而歸簡易所有督接管關務日期暨撫臣管理期内規畫整頓著由成效各緣由除咨吏户部查照外謹繕摺具陳伏乞

皇太后

皇上聖鑒訓示謹

奏

另有旨

光緒三十一年二月　　二十　　日

九三二 署理兩廣總督岑春煊奏折

請敕部核定兼管粤海關關務公費數目(光緒三十一年二月二十日)

再粤海關監督夙號優差,其所以為優,無非於額征盈餘之外更有所得,悉歸為監督辦公經費。撫臣張人駿所查出之四十餘萬,固昔日之監督及該關上下人等所均分者也。現在改章整頓,固已化私為公,但總分各卡用人既多,保無日久弊生,又蹈從前之覆轍者。臣愚以為欲禁以後關員之舞弊,當先責兼管關務之總督真能潔己奉公,欲責總督潔己奉公,尤望朝廷明定經費,俾其不能藉口辦公,别圖侵蝕。查從前兩廣總督因兼閩關務,每月由監督在常税盈餘項下支送公費銀三千兩,後因删歉來

九三二 署理兩廣總督岑春煊奏折

請敕部核定兼管粤海關關務公費數目(光緒三十一年二月二十日)

粤籌款已將此項提充報効湊還匯豐鎊款在
案現在監督奉裁關務一切事宜均歸總督衙
門兼管與從前僅止與聞者不同有應辦之事
即有應支之費擬懇
天恩飭下户部核定兼管關務公費一經奏定除應
支公費數目外絲毫别有所取請即以贓私論
如此嚴爲界畫總督能正己率屬則關員自不
敢營私立法經久可行此次清出之款乃可常
年有着至公費數目如經户部奏定請自上年
撫臣接管關務之日起照數開支以昭公允除
咨部外謹附片具陳伏乞

聖鑒訓示謹

奏

戶部議奏

九三三　總税務司赫德致外務部信函
廣東運司巡船扣拿葡國鹽船案
（光緒三十一年十一月初八日）

外務部收

總税司信一件　廣東運司巡船扣拏西洋鹽船一案抄錄來往電語呈請酌復由

左侍郎聯　月　日
軍機大臣尚書會辦大臣瞿　月　日
軍機大臣總理外務部事務和碩慶親王　月　日
協辦大學士外務部尚書會辦大臣那　月　日
署右侍郎唐　月　日

光緒三十一年十一月初八日　策第二百三十六號

九三三　總税務司赫德致外務部信函
廣東運司巡船扣拿葡國鹽船案
(光緒三十一年十一月初八日)

歸榷司收
左參議雷補同
左丞陳名侃
署右丞鄒嘉來
署右參議朱寶奎
十一月初八日
列字　號稿

九三三　總税務司赫德致外務部信函
廣東運司巡船扣拿葡國鹽船案
（光緒三十一年十一月初八日）

敬啟者竊查廣東運司巡船扣拏西洋國鹽船一案
現據拱北關税務司電稱奉督憲文開該船恃有西
洋國旗運載私鹽應即充公嗣後遇有裝鹽之洋船
均應由該關拏辦云云以上所開碍難遵辦合即電
請核示等因前來當即電復以通商口岸之外如有
洋船在别處沿海地方入口或私行買賣者即將船
貨一併入官至为也食鹽既屬違禁不准販運進出
中國口岸以上即各條約所載之款各關均應照辦

九三三 總稅務司赫德致外務部信函

廣東運司巡船扣拿葡國鹽船案
(光緒三十一年十一月初八日)

凡有洋船在拱北關轄境內違犯此章亦應一體拏
辦惟未經私赴別處以前並裝鹽出入澳門本口中
國各關向無拏辦之條容俟請示
外部再電知等語去訖伏思澳門雖與中國連界仍與
中國口岸有別合將來往電語備函呈請
鈞鑒並希將應如何辦理之處酌奪示復爲要專是佈
達順頌

九三三　總税務司赫德致外務部信函

廣東運司巡船扣拿葡國鹽船案

(光緒三十一年十一月初八日)

日祉

名另具

光緒叁拾壹年拾壹月初捌日

赫德

九三四 署理兩廣總督岑春煊奏折

粵海各關改章整頓情形

(光緒三十二年正月二十七日)

太子少保頭品頂戴兵部尚書署理兩廣總督兼管廣東巡撫事務粵海關監督臣岑春煊跪

奏為粵海各關改章整頓擬將按結徵收之洋稅洋藥稅釐九拱兩關貨稅併案奏銷並請免造貨冊情形恭摺具陳仰祈

聖鑒事竊查粵海各關徵收稅項惟粵海潮海瓊海北海三水江門等關洋稅洋藥稅收支數目係按四結專摺奏銷其各關洋藥釐金九龍拱北兩關洋藥稅以及九拱兩關百貨稅收支數目為數亦鉅向止分案造冊報部不列奏銷同是按結徵收之款而分而為三復不同時造報歷屆洋稅各款遲至四五年始報洋藥釐金各款

九三四 署理兩廣總督岑春煊奏折 粤海各關改章整頓情形（光緒三十二年正月二十七日）

遲至七八年始報所報收支銀數任憑庫書揑造故得少報收數浮報支數以收抵支率不敷數百萬之多其實少收浮支之銀早入庫書之槖詳稽歷年報部各冊收支款目套搭轇轕雖精於綜覈者未易得其底蘊用是外欺監督内朦部科閒奉部文行查監督復以事隔多年官非一任飾詞登覆故前充庫書已革三品京堂周榮曜與已故朋充庫書周啟慈等敢於侵盜税銀二百數十萬之多也近年撥款加鉅並奉部咨奏銷冊内不准有存解名目侵蝕之弊已不復如曩昔之甚然當此改章整頓不定切實

九三四 署理兩廣總督岑春煊奏折

粤海各關改章整頓情形

(光緒三十二年正月二十七日)

辦法實難保日後弊不復生臣悉心籌度擬自一百七十七結第三月第十天即光緒三十年十一月初四日前廣東撫臣張人駿接管關務以後凡歸税司徵收之各關洋税洋藥税釐及九拱兩關百貨税向分三起造報者併為一案奏銷必使收數與税司按結摺報之數錙銖相符支數照實解實支之數分晰開報則銷冊到部不難按籍而稽設有不符亦可隨時行查更正似此辦理少收浮支之弊無自而生正供即無虞侵蝕矣又洋税歷届奏銷另造粤潮瓊北四關貨色税數冊分送部科計八百七十餘本

九三四　署理兩廣總督岑春煊奏折　粵海各關改章整頓情形
(光緒三十二年正月二十七日)

卷頁繁多既非剋期所能造送且各關收税貨色底簿存在税司關署無案可稽册中所列貨物係照徵税銀數按則核計不過具此文牘竊謂各關經徵貨色既有總税司貿易清册可憑更何用此繁複無用之文而令徒耗造辦册費現當百度維新實事求是繁文縟節悉從祛除擬懇

天恩敕部免其造送以歸簡易所有粵海各關改章整頓擬將按結徵收各税併案奏銷暨免造貨色清册各緣由是否有當理合恭摺具陳伏乞

皇太后

九三四　署理兩廣總督岑春煊奏折

粵海各關改章整頓情形
(光緒三十二年正月二十七日)

皇上聖鑒訓示謹
奏
該部議奏
光緒三十二年正月二十七日

九三五　署理兩廣總督岑春煊奏折

粤海各關經征洋税各款收支數目

(光緒三十二年二月初十日)

頭品頂戴兵部尚書都察院右都御史署理兩廣總督兼管廣東巡撫兼署粵海關監督關防事務臣岑春煊跪

奏為粵海各關一百七十七結第三月第十天起至一百八十結經徵洋稅各款收支數目開單

報銷恭摺仰祈

聖鑒事竊查粵海各關經徵稅項惟粵海潮海瓊海北海三水江門各關洋稅洋藥稅收支數目係按四結專摺奏銷其各關洋藥釐金九龍拱北兩關洋藥稅與九拱兩關百貨稅收支數目為數亦鉅向止分案造册報部不列奏銷以致隱匿侵盜弊端百出業經臣另摺奏請自光緒三十年十一月初四即一百七十七結第三月第

九三五　署理兩廣總督岑春煊奏折

粤海各關經征洋税各款收支數目
(光緒三十二年二月初十日)

十天前廣東撫臣張人駿接管關務之日起凡
歸各關税務司按結徵收之洋税等款併案奏
銷前此未報各款由前監督臣常恩清理造銷
並經臣與前廣東撫臣張人駿先後
奏明在案兹將光緒三十年十一月初四日即第
一百七十七結第三月第十天起至光緒三十
一年九月初二日即第一百八十結止粤海潮
海瓊海北海三水江門九龍拱北各關洋税洋
藥税釐暨九龍拱北兩關百貨税收支銀數併
案核實
奏銷並無浮濫除造辦四柱清册咨送户部查核

九三五　署理兩廣總督岑春煊奏折　粤海各關經征洋税各款收支數目(光緒三十二年二月初十日)

外謹繕具收支款目清單恭摺具
奏伏乞
皇太后
皇上聖鑒謹
奏
該部知道單併發
光緒三十二年二月　初十　日

九三六　署理兩廣總督岑春煊奏折

請派廣東藩司兼關務處總辦洋常稅款(光緒三十二年二月初十日)

再粵海各關經臣督率在事各員實力整頓積弊一清一年以來徵收各款已數解支至撙節釐剔准留撥補匯豐鎊款無著之四十餘萬兩俟各口收數報齊即當另摺奏報竊計洋常稅款每歲出入為數甚鉅用人理財稍有不慎弊即復生欲期歷久不渝不得不防微杜漸臣思杜漸之法惟有派廣東藩司兼關務處總辦與總督相助為理如總督任用私人侵挪稅項藩司得糾正之糾而不聽則奏劾之似此則總督之廉正者樂藩司為臂助以裕稅恤商即不廉不正者當亦有所忌憚不至為所欲為倘藩司

九三六　署理兩廣總督岑春煊奏折　請派廣東藩司兼關務處總辦洋常稅款(光緒三十二年二月初十日)

置之不問或阿依承順致滋蝕稅病商諸弊否則分任款則分貽藩司責成既重自不敢膜外視之矣至藩司總辦關務辦公需費查南韶連道經理太平等關稅務每月開支公費銀八百兩今擬定藩司兼關務公費每月一千兩由關稅項下作正開支以資辦公亦爲慎重關務起見是否有當理合附片陳明伏乞

聖鑒訓示謹

奏

著照所請戶部知道

九三七　總税務司赫德致外務部清折

九龍關征收華船税厘數目（光緒三十二年二月二十一日）

九龍新關

自光緒叁拾壹年玖月初叁日起

第壹百捌拾壹結徵收華船税釐數目清摺

至光緒叁拾壹年拾貳月初陸日止

九三七　總税務司赫德致外務部清折　九龍關征收華船税厘數目
(光緒三十二年二月二十一日)

洋藥税釐款項

一收牌照 不通商口岸 之華船洋藥正稅關平銀 無 柒千肆百玖拾叁兩伍錢陸分玖釐

共收洋藥正稅關平銀柒千肆百玖拾叁兩伍錢陸分玖釐

一收牌照 不通商口岸 之華船洋藥釐金關平銀 無 壹萬玖千玖百捌拾貳兩捌錢伍分釐

共收洋藥釐金關平銀壹萬玖千玖百捌拾貳兩捌錢伍分釐

以上四項共收洋藥稅釐關平銀貳萬柒千肆百柒拾陸兩肆錢壹分玖釐

百貨稅款項

一收牌照 不通商口岸 之華船百貨進口稅關平銀 無 貳萬捌千捌百捌拾柒兩叁錢壹分釐

共收百貨進口稅關平銀貳萬捌千捌百捌拾柒兩叁錢壹分釐

一收牌照 不通商口岸 之華船百貨出口稅關平銀 無 肆千陸百陸拾貳兩柒錢分釐

共收百貨出口稅關平銀肆千陸百陸拾貳兩柒錢分釐

以上四項共收百貨進出稅關平銀叁萬叁千伍百伍拾兩錢壹分釐

九三七　總税務司赫德致外務部清折

九龍關征收華船税厘數目

（光緒三十二年二月二十一日）

百貨釐金款項　查此款內有提存候撥菸酒釐金銀叁百叁拾肆兩壹分壹釐伍百貳拾陸兩叁錢貳分貳釐合併聲明

一收牌照　無

不通商口岸之華船百貨進口釐金銀貳萬肆千陸百貳拾捌兩壹錢柒分柒釐

共收百貨進口釐金銀貳萬肆千陸百貳拾捌兩壹錢柒分柒釐

一收牌照　無

不通商口岸之華船百貨出口釐金銀柒千肆百捌拾捌兩貳錢肆分肆釐

共收百貨出口釐金銀柒千肆百捌拾捌兩貳錢肆分肆釐

以上四項共收百貨進出釐金銀叁萬貳千壹百拾陸兩肆錢貳分壹釐

台礮經費款項

一收牌照　無

不通商口岸之華船進口台礮經費銀柒千貳百貳拾陸兩貳錢壹分陸釐

共收進口台礮經費銀柒千貳百貳拾陸兩貳錢壹分陸釐

一收牌照　無

不通商口岸之華船出口台礮經費銀肆百拾貳兩柒錢玖分貳釐

共收出口台礮經費銀肆百拾貳兩柒錢玖分貳釐

以上四項共收進出台礮經費銀柒千陸百叁拾玖兩　錢　分捌釐

九三七　總税務司赫德致外務部清折

九龍關征收華船税厘數目

(光緒三十二年二月二十一日)

船數

一通商口岸領有新關牌照之華船過廠進出中國口岸　進無　出無　隻

一不通商口岸未領新關牌照之華船過廠進出中國口岸　進肆千陸百貳隻　出肆千柒百肆拾叁隻

統計華船過廠進出中國口岸共玖千叁百肆拾伍隻

一香澳往來未領新關牌照之華船過廠往香港無　往澳門無　隻

一由——未領新關牌照之華船過廠往——無　無　隻

統計香澳外洋往來華船過廠共無隻

一小火輪渡船進出中國口岸　進陸百肆拾貳　出陸百柒拾壹隻

查該小火輪船係由香港往來大鏟深圳三門沙魚涌等處統計在内合併聲明

一領有内港專照之拖渡小火輪船往來大鏟口　進玖拾貳　出玖拾貳隻

九三七　總税務司赫德致外務部清折

九龍關征收華船税厘數目（光緒三十二年二月二十一日）

收支款目

收款

一入上結所存之餘銀
洋藥税釐關平銀壹千壹百伍拾叁兩玖錢肆分肆釐
百貨税關平銀肆百陸拾柒兩捌錢捌分陸釐
百貨釐金銀肆百伍拾肆兩肆錢捌分貳釐
台礮經費銀肆百貳拾壹兩捌錢陸分伍釐

一入本結徵收
洋藥税釐關平銀貳萬柒千肆百柒拾陸兩肆錢壹分玖釐
百貨税關平銀叁萬叁千伍百伍拾兩　錢壹分　釐
百貨釐金銀叁萬貳千壹百拾陸兩肆錢貳分壹釐
台礮經費銀柒千陸百叁拾玖兩　錢　分捌釐

出款

一出撥解[redacted]
洋藥税釐關平銀貳萬柒千叁百兩　錢　分　釐
百貨税關平銀叁萬叁千肆百兩　錢　分　釐

一出撥解兩廣總督部堂
百貨釐金銀叁萬貳千兩　錢　分　釐
台礮經費銀柒千陸百兩　錢　分　釐

一出銀號收發經費
洋藥税釐項下關平銀無兩　錢　分　釐
百貨税項下關平銀陸兩貳錢分壹釐
百貨釐金項下銀拾伍兩柒錢肆分叁釐
台礮經費項下銀貳兩伍錢柒分叁釐

存款

九三七　總稅務司赫德致外務部清折

九龍關征收華船稅厘數目

（光緒三十二年二月二十一日）

收支款目

收款

一入上結所存之餘銀

洋藥稅釐關平銀壹千壹百伍拾叁兩玖錢肆分肆釐

百貨稅關平銀肆百陸拾柒兩捌錢捌分陸釐

百貨釐金銀肆百伍拾肆兩肆錢捌分貳釐

台礮經費銀肆百貳拾壹兩捌錢陸分伍釐

一入本結徵收

洋藥稅釐關平銀貳萬柒千肆百柒拾陸兩肆錢壹分玖釐

百貨稅關平銀叁萬叁千伍百伍拾兩錢壹分釐

百貨釐金銀叁萬貳千壹百拾陸兩肆錢貳分壹釐

台礮經費銀柒千陸百叁拾玖兩錢分捌釐

出款

一出撥解[redacted]

洋藥稅釐關平銀貳萬柒千叁百兩錢分釐

百貨稅關平銀叁萬叁千肆百兩錢分釐

一出撥解兩廣總督部堂

百貨釐金銀叁萬貳千兩錢分釐

台礮經費銀柒千陸百兩錢分釐

一出銀號收發經費

洋藥稅釐項下關平銀無兩錢分釐

百貨稅項下關平銀陸兩貳錢分壹釐

百貨釐金項下銀拾伍兩柒錢肆分叁釐

台礮經費項下銀貳兩伍錢柒分叁釐

存款

九三七 總稅務司赫德致外務部清折

九龍關征收華船稅厘數目

（光緒三十二年二月二十一日）

洋藥稅釐關平 銀貳萬捌千陸百叁拾兩叁錢陸分叁釐

以上共入

百貨稅關平 銀叁萬肆千拾柒兩捌錢玖分陸釐

百貨釐金 銀叁萬貳千伍百柒拾兩玖錢 分叁釐

台礮經費 銀捌千陸拾兩捌錢柒分叁釐

洋藥稅釐關平 銀貳萬柒千叁百兩 錢 分 釐

共出

百貨稅關平 銀叁萬叁千肆百陸兩貳錢 分壹釐

百貨釐金 銀叁萬貳千拾伍兩柒錢肆分叁釐

台礮經費 銀柒千陸百貳兩伍錢柒分叁釐

洋藥稅釐關平 銀壹千叁百叁拾兩叁錢陸分叁釐

共存

百貨稅關平 銀陸百拾壹兩陸錢玖分伍釐

百貨釐金 銀伍百伍拾伍兩壹錢陸分 釐

台礮經費 銀肆百伍拾捌兩叁錢 分 釐

再查本關收支銀款以關平銀壹百兩作司碼平壹百拾壹兩貳錢合洋銀壹百伍拾伍元壹角其司碼平壹百兩折核關平銀捌拾玖兩玖錢貳分捌釐陸絲合洋銀壹百叁拾玖元肆角柒仙捌絲肆忽貳微洋銀壹百元核計關平銀陸拾肆兩肆錢柒分肆釐伍毫叁絲合司碼平柒拾壹兩陸錢玖分伍釐陸毫捌絲合併聲明

九三七　總税務司赫德致外務部清折

九龍關征收華船税厘數目

(光緒三十二年二月二十一日)

查本結内本關遵照　兩廣督部堂新訂米穀出洋專章帶收倉捐經費司碼平銀　無

内扣銀號收發經費司碼平銀

共實收　無　併上結所存司碼平銀

無　本結共入司碼平銀　無　除由

總税務司撥解[redacted]司碼平銀　無　外本結底尚存倉捐經費

司碼平銀　無　再此項銀兩未經彙入以上各項税釐數内合併聲明

九龍新關副税務司哥嘉譯漢

光緒叁拾貳年正月貳拾玖日署理九龍新關税務司巴爾呈報

隨申文第貳百陸拾柒號

九三七 總稅務司赫德致外務部清折

九龍關征收華船稅厘數目

（光緒三十二年二月二十一日）

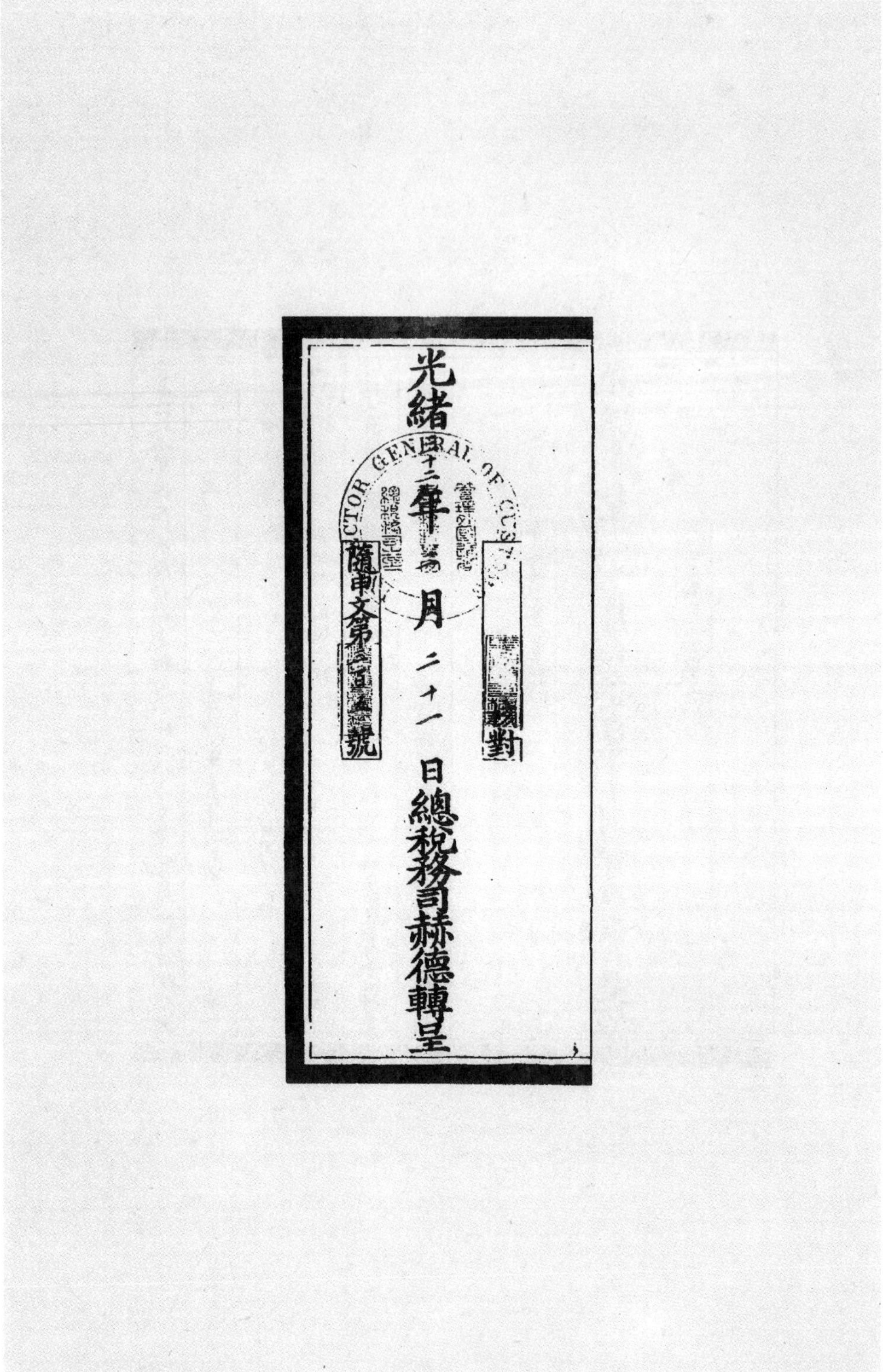
光緒三十二年二月二十一日總稅務司赫德轉呈

九三八 總税務司赫德致外務部清折

(光緒三十二年二月二十一日)

拱北關征收華船税厘數目

拱北關

自光緒叁拾壹年玖月初叁日起

第壹百捌拾壹結徵收華船税釐數目清摺

至光緒叁拾壹年拾貳月初陸日止

九三八 總稅務司赫德致外務部清折

拱北關征收華船稅厘數目

(光緒三十二年二月二十一日)

洋藥稅釐款項

一收 牌照 無
　　 不通商口岸之華船洋藥正稅關平銀壹萬柒千捌百伍拾陸兩○錢○分○釐

共收洋藥正稅關平銀壹萬柒千捌百伍拾陸兩○錢○分○釐

一收 牌照 無
　　 不通商口岸之華船洋藥釐金關平銀肆萬柒千陸百拾陸兩○錢○分○釐

共收洋藥釐金關平銀肆萬柒千陸百拾陸兩○錢○分○釐

以上四項共收洋藥稅釐關平銀陸萬伍千肆百柒拾貳兩○錢○分○釐

百貨稅款項

一收 牌照 無
　　 不通商口岸之華船百貨進口稅關平銀叁萬貳千玖百捌拾兩貳錢玖分肆釐

共收百貨進口稅關平銀叁萬貳千玖百捌拾兩貳錢玖分肆釐

一收 牌照 無
　　 不通商口岸之華船百貨出口稅關平銀壹千貳百捌拾伍兩肆錢肆分肆釐

共收百貨出口稅關平銀壹千貳百捌拾伍兩肆錢肆分肆釐

以上四項共收百貨進出稅關平銀叁萬肆千貳百陸拾伍兩柒錢叁分捌釐

九三八 總税務司赫德致外務部清折 拱北關征收華船税厘數目
（光緒三十二年二月二十一日）

百貨釐金款項

查此款内有提存候撥菸酒釐金銀壹千貳百肆拾兩貳錢叁分柒釐肆百捌拾肆兩柒錢陸分陸釐合併聲明

一收牌照不通商口岸之華船百貨進口釐金銀 無
壹萬捌千陸百叁拾兩肆錢〇分貳釐

共收百貨進口釐金銀壹萬捌千陸百叁拾兩肆錢〇分貳釐

一收牌照不通商口岸之華船百貨出口釐金銀 無
叁千捌百肆拾壹兩壹錢伍分玖釐

共收百貨出口釐金銀叁千捌百肆拾壹兩壹錢伍分玖釐

以上四項共收百貨進出釐金銀貳萬貳千肆百柒拾壹兩伍錢陸分壹釐

台礮經費款項

一收牌照不通商口岸之華船進口台礮經費銀 無
陸千貳百拾柒兩肆錢捌分壹釐

共收進口台礮經費銀陸千貳百拾柒兩肆錢捌分壹釐

一收牌照不通商口岸之華船出口台礮經費銀 無
壹百陸拾兩陸錢壹分柒釐

共收出口台礮經費銀壹百陸拾兩陸錢壹分柒釐

以上四項共收進出台礮經費銀陸千叁百柒拾捌兩〇錢玖分捌釐

九三八 總税務司赫德致外務部清折

拱北關征收華船税厘數目

(光緒三十二年二月二十一日)

船數

一通商口岸領有新關牌照之華船過廠進出中國口岸(進)無(出)無隻

一不通商口岸未領新關牌照之華船過廠進出中國口岸(進)壹千捌百捌拾叁(出)壹千陸百伍拾柒隻

統計華船過廠進出中國口岸共叁千伍百肆拾隻

一香澳往來未領新關牌照之華船過廠往香港/澳門(香港)捌拾玖(澳門)壹百[illegible]拾叁隻

一由澳門/外洋未領新關牌照之華船過廠往外洋/澳門[illegible]隻

統計香澳外洋往來華船過廠共壹[illegible]玖隻

一小火輪渡船進出中國口岸(進)陸百陸拾壹(出)陸百肆拾叁隻

一小火輪船過廠往香港/澳門(香港)無(澳門)無隻

統計進出中國口岸暨香澳往來小火輪船共壹千叁百肆隻

九三八　總税務司赫德致外務部清折　拱北關征收華船税厘數目（光緒三十二年二月二十一日）

收支款目

收款

一入上結所存之餘銀
洋藥稅釐關平銀捌百玖兩柒錢捌分陸釐
百貨稅關平銀叁百叁拾兩伍錢叁分玖釐
百貨釐金銀伍百叁拾伍兩壹錢貳分貳釐
台礮經費銀肆百玖拾貳兩叁錢肆分玖釐

一入本結徵收
洋藥稅釐關平銀陸萬伍千肆百柒拾貳兩〇錢〇分〇釐
百貨稅關平銀叁萬肆千貳百陸拾伍兩柒錢叁分捌釐
百貨釐金銀貳萬貳千肆百柒拾壹兩伍錢陸分壹釐
台礮經費銀陸千叁百柒拾捌兩〇錢玖分捌釐

出款

一出撥解[redacted]
洋藥稅釐關平銀陸萬肆千柒百兩〇錢〇分〇釐
百貨稅關平銀叁萬叁千玖百兩〇錢〇分〇釐

一出撥解兩廣總督部堂
百貨釐金銀貳萬貳千壹百兩〇錢〇分〇釐
台礮經費銀陸千壹百兩〇錢〇分〇釐

一出銀號收發經費
洋藥稅釐項下關平銀肆百柒拾肆兩壹錢捌分貳釐
百貨稅項下關平銀貳百肆拾捌兩壹錢柒分〇釐
百貨釐金項下銀壹百陸拾貳兩柒錢伍分〇釐
台礮經費項下銀肆拾陸兩壹錢玖分叁釐

存款

九三八　總税務司赫德致外務部清折
拱北關征收華船税厘數目
(光緒三十二年二月二十一日)

收支款目

收款

一入上結所存之餘銀
洋藥税釐關平銀捌百玖兩柒錢捌分陸釐
百貨税關平銀叁百叁拾兩伍錢叁分玖釐
百貨釐金銀伍百叁拾伍兩壹錢貳分貳釐
台礮經費銀肆百玖拾貳兩叁錢肆分玖釐

一入本結徵收
洋藥税釐關平銀陸萬伍千肆百柒拾貳兩〇錢〇分〇釐
百貨税關平銀叁萬肆千貳百陸拾伍兩柒錢叁分捌釐
百貨釐金銀貳萬貳千肆百柒拾壹兩伍錢陸分壹釐
台礮經費銀陸千叁百柒拾捌兩〇錢玖分捌釐

出款

一出撥解[redacted]
洋藥税釐關平銀陸萬肆千柒百兩〇錢〇分〇釐
百貨税關平銀叁萬叁千玖百兩〇錢〇分〇釐
百貨釐金銀貳萬貳千壹百兩〇錢〇分〇釐

一出撥解兩廣總督部堂
台礮經費銀陸千壹百兩〇錢〇分〇釐

一出銀號收發經費
洋藥税釐項下關平銀肆百柒拾肆兩壹錢捌分貳釐
百貨税項下關平銀貳百肆拾捌兩壹錢柒分〇釐
百貨釐金項下銀壹百陸拾貳兩柒錢伍分〇釐
台礮經費項下銀肆拾陸兩壹錢玖分叁釐

存款

九三八　總稅務司赫德致外務部清折

拱北關征收華船稅厘數目

(光緒三十二年二月二十一日)

以上共入

洋藥稅釐關平銀陸萬陸千貳百捌拾壹兩柒錢捌分陸釐

百貨稅關平銀叁萬肆千伍百玖拾陸兩貳錢柒分柒釐

百貨釐金銀貳萬叁千陸兩陸錢捌分叁釐

台礮經費銀陸千捌百柒拾兩肆錢肆分柒釐

共出

洋藥稅釐關平銀陸萬伍千壹百柒拾肆兩壹錢捌分貳釐

百貨稅關平銀叁萬肆千壹百肆拾捌兩壹錢柒分〇釐

百貨釐金銀貳萬貳千貳百陸拾貳兩柒錢伍分〇釐

台礮經費銀陸千壹百肆拾陸兩壹錢玖分叁釐

共存

洋藥稅釐關平銀壹千壹百柒兩陸錢〇分肆釐

百貨稅關平銀肆百肆拾捌兩壹錢〇分柒釐

百貨釐金銀柒百肆拾叁兩玖錢叁分叁釐

台礮經費銀柒百貳拾肆兩貳錢伍分肆釐

再查本關收支銀款以關平銀壹百兩作司碼平壹百拾壹兩柒錢壹分貳釐柒毫伍絲合洋銀壹百伍拾伍元伍角陸仙其司碼平壹百兩折核關平銀捌拾玖兩伍錢壹分伍釐叁毫合洋銀壹百叁拾玖元貳角伍仙洋銀壹百元核計關平銀陸拾肆兩貳錢捌分叁釐捌毫捌絲合司碼平柒拾壹兩捌錢壹分叁釐貳毫玖絲合併聲明

九三八　總税務司赫德致外務部清折

拱北關征收華船税厘數目

(光緒三十二年二月二十一日)

查本結内本關遵照　兩廣督部堂新訂米穀出洋專章帶收倉捐經費司碼平銀
無　内扣銀號收發經費司碼平銀　無
共實收　無　併上結所存司碼平銀　無
本結共入司碼平銀　無　除由
總税務司撥解[redacted]司碼平銀　無　外本結底尚存倉捐經費
司碼平銀　無　再此項銀兩未經彙入以上各項税釐數内合併聲明

二等幫辦雷德譯漢

隨申文第貳百叁拾肆號

光緒叁拾貳年[illegible]月貳拾壹日署理拱北關税務司布康恩呈報

九三八　總税務司赫德致外務部清折

拱北關征收華船税厘數目

(光緒三十二年二月二十一日)

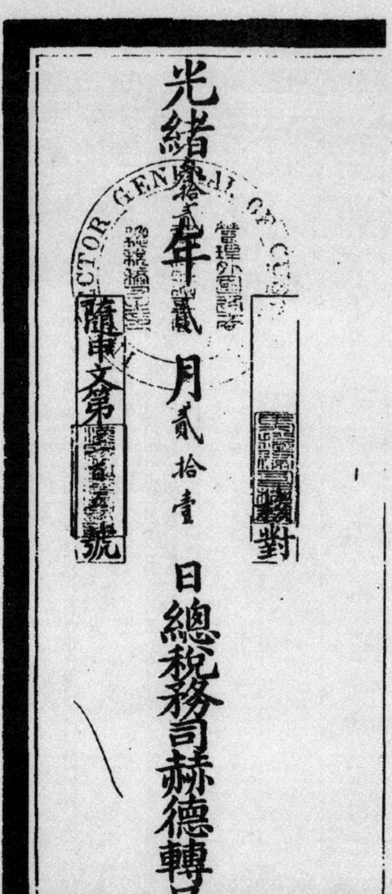

九三九　總税務司赫德致外務部清折

粵海關征收華船税鈔數目（光緒三十二年閏四月二十一日）

粵海常關

第拾捌期華船税鈔數目清摺

自光緒叁拾貳年正月初壹日起

至光緒叁拾貳年叁月叁拾日止

華船税款

入款

一　正月分征收各税　共關平銀貳萬柒千兩陸錢柒分柒釐

一　貳月分征收各税　共關平銀叁萬陸千肆百肆拾陸兩陸錢肆分壹釐

一　叁月分征收各税　共關平銀貳萬捌千玖百貳拾伍兩肆錢壹分肆釐

一　·月分征收各税　共　銀

九三九　總稅務司赫德致外務部清折

粵海關征收華船稅鈔數目

(光緒三十二年閏四月二十一日)

以上叁個月共征各稅計關平銀玖萬貳千叁百柒拾貳兩柒錢叁分貳釐

查本期內擔頭一款共收廣平銀壹萬貳千柒百壹兩陸錢肆分玖釐折核關平銀壹萬陸百陸拾捌兩柒錢壹分肆釐並未歸入總收數內經已解交　兩廣總督部堂查收合併聲明

支款

一正　月分支出各數　共關平銀壹千柒百貳拾兩捌錢玖分

一貳　月分支出各數　共關平銀壹千柒百叁拾貳兩捌錢玖分

一叁　月分支出各數　共關平銀壹千捌百陸拾玖兩叁分

一　月分支出各數　共　銀

以上叁個月共支各數計關平銀伍千叁百貳拾貳兩捌錢壹分

九三九 總税務司赫德致外務部清折

粤海關征收華船税鈔數目

(光緒三十二年閏四月二十一日)

提款

一正月分提交總税務司之成 計關平銀貳千柒百兩柒分

一貳月分提交總税務司之成 計關平銀叁千陸百肆拾肆兩陸錢陸分

一叁月分提交總税務司之成 計關平銀貳千捌百玖拾貳兩伍錢肆分

一月分提交總税務司之成 計銀

以上叁個月共提交計關平銀玖千貳百叁拾柒兩貳錢柒分

九三九　總稅務司赫德致外務部清折

粵海關征收華船稅鈔數目

(光緒三十二年閏四月二十一日)

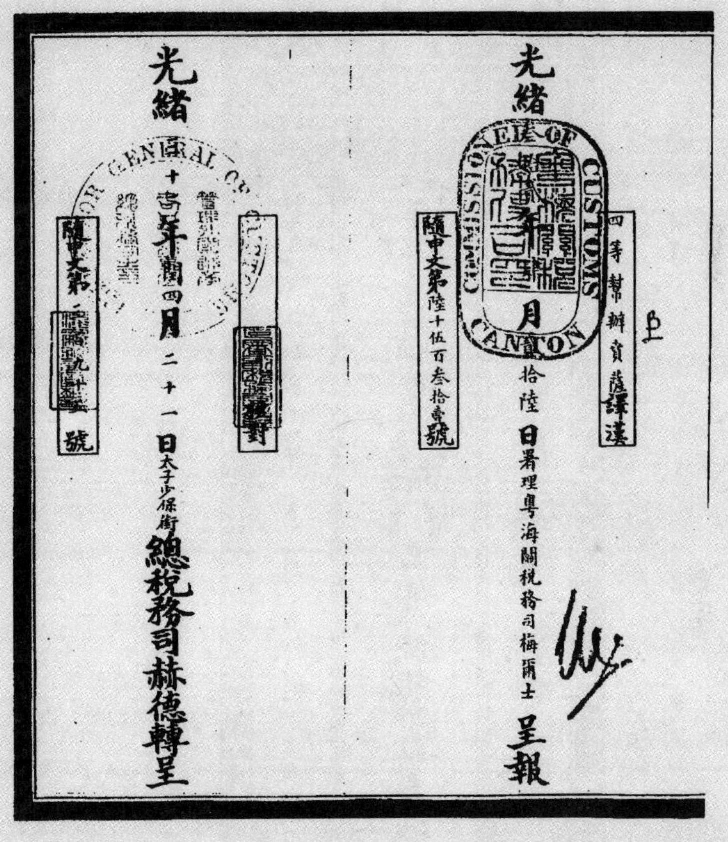

光緒　年　月拾陸日署理粵海關稅務司梅爾士呈報

隨中文第陸十伍百叁拾壹號

四等幫辦貢薩譯漢

光緒三十二年閏四月二十一日太子少保銜總稅務司赫德轉呈

隨中文第　號

九四〇 總税務司赫德致外務部清折

厦門關征收華船税鈔數目

(光緒三十二年七月二十二日)

厦門關

自光緒叁拾貳年叁月初捌日起

第壹百捌拾叁結華洋商船各款税鈔數目清摺

至光緒叁拾貳年伍月初玖日止

九四〇　總税務司赫德致外務部清折

（光緒三十二年七月二十二日）

厦門關征收華船税鈔數目

洋商船隻各税款

一收洋貨進口正税　共關平銀伍萬叁千陸百伍拾捌兩伍錢伍分叁釐

一收土貨出口正税　共關平銀貳萬叁千壹百貳拾兩捌錢捌分玖釐

一收土貨復進口税　共關平銀壹萬肆百柒兩柒錢玖分叁釐

一收生熟藥土（膏）税

洋藥		土藥			
進口正税貳萬伍千捌百玖拾叁兩玖錢	專條釐金陸萬玖千伍拾兩肆錢	進口正税無	出口正税叁拾玖兩捌錢	子口税釐金無	復進口税柒拾玖兩陸錢

共關平銀玖萬伍千陸拾叁兩柒錢

一收船鈔　共關平銀柒千叁百壹兩玖錢

以上本結收洋商税鈔共關平銀拾捌萬玖千伍百伍拾貳兩捌錢叁分伍釐

九四〇 總税務司赫德致外務部清折

廈門關征收華船税鈔數目

(光緒三十二年七月二十二日)

華商船隻各税款

一收洋貨進口正税　共關平銀肆拾叁兩柒錢陸分叁釐

一收土貨出口正税　共關平銀壹千叁百捌拾壹兩捌錢肆分伍釐

一收土貨復進口税　共關平銀壹千叁百叁拾伍兩伍錢伍分壹釐

一收生熟藥土膏税

洋藥		土藥			
進口正税 無	專條釐金 無	進口正税 無	出口正税 無	新章釐金 無	復進口税 無

共關平銀 無

一收船鈔　共關平銀伍百肆拾兩壹錢

以上本結收華商税鈔共關平銀叁千叁百壹兩貳錢伍分玖釐

九四〇　總税務司赫德致外務部清折
(光緒三十二年七月二十二日)
厦門關征收華船税鈔數目

華洋子口稅款

一收洋貨入内地子口稅　共關平銀柒千貳百柒拾伍兩壹錢玖分伍釐

一收土貨出内地子口稅　共關平銀玖百拾肆兩貳錢貳分捌釐

以上本結收華洋子口稅共關平銀捌千壹百捌拾玖兩肆錢貳分叁釐

統計三款共收關平銀貳拾萬壹千肆拾叁兩伍錢壹分柒釐

查本結統計三款内應扣除由本關抑註現銀存票無

運漕册帳

本結運漕口　共裝無　石斗升合
海石搃壹百肆拾斤計

應免未免稅之貨物　共出口無　復進口無　觔
搃壹百貳拾斤為壹石合算

開除撥底之貨稅　共關平銀無

合併聲明

九四〇　總稅務司赫德致外務部清折

廈門關征收華船稅鈔數目

（光緒三十二年七月二十二日）

洋藥稅釐併徵款項

一收洋華船洋藥進口正稅　共關平銀貳萬伍千捌百玖拾叁兩玖錢

一收華洋船洋藥專條釐金　共關平銀陸萬玖千伍拾兩肆錢

以上共收洋藥進口正稅專條釐金　統計二款共收關平銀玖萬肆千玖百肆拾肆兩叁錢

查本結底所有廈關未完稅釐之洋藥開後

計開

白皮土無

公班土無

剌庄土拾捌箱計貳千壹百陸拾斤

金花土　波斯叁拾陸箱計叁千柒百肆拾肆斤　土耳基無

熟膏無

九四〇　總税務司赫德致外務部清折

厦門關征收華船税鈔數目

（光緒三十二年七月二十二日）

漢譯　四等幫辦三好森太郎

光緒叁拾年月拾肆日　三等第一寶星三品銜厦門關税務司包羅呈報

隨申文第肆百叁拾號

COMMISSIONER OF CUSTOMS AMOY

對

光緒十二年七月二十二日　太子少保銜總税務司赫德轉呈

隨文第號

INSPECTOR GENERAL OF CUSTOMS

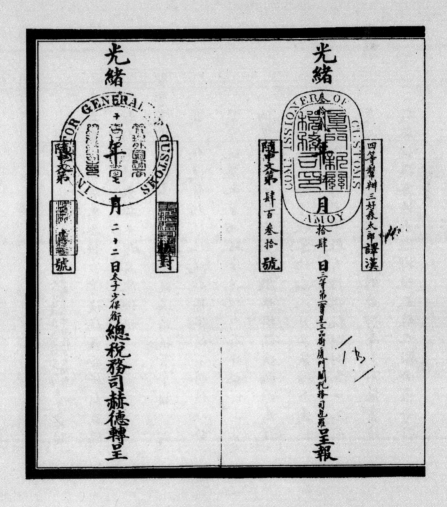

九四一　署理兩廣總督岑春煊奏折

請裁撤粵海關廣屬各號口

(光緒三十二年九月十二日)

太子少保頭品頂戴署理兩廣總督暨廣東巡撫事新授雲貴總督臣岑春煊跪

奏為粵海關廣屬各號口苛擾病民各行商歲認

稅餉願請裁撤恭摺具陳仰祈

聖鑒事竊粵海未設洋關之先其時祇有常關一處

商人報運貨物往往繞越偷漏防不勝防故於

廣東近省之東西礮臺花地口省外之佛山紫

洞思賢滘口設卡查驗徵收掛銷號餉以為補

助始設之際僅收零錢嗣以月異歲增沿為稅

則貨色繁雜不下數百種收稅則例各口不同

商人終歲貿遷問以口例若何尚多不能盡曉

行旅偶攜零件未經掛號數錢之微必罹苛罰

即掛號輸餉矣而西礮臺苛例午時掛號即須於午時到花地口銷號過時則罰貨色一字之誤斤兩絲粟之差則又有罰一金之貨竟有罰至數倍或數十百倍者商民咨嗟飲恨重足側目而莫敢誰何近數十年來添設粵海洋關西江之三水梧州復開通商口岸內地沿海已屬稅關林立昔之掛銷號口存而不撤事類駢枝徒為吏役利藪商民屢有請裁之舉並經言官入告各前監督咸慮稅餉無着相率抑之火熱水深於斯為烈自監督裁缺改由總督兼管微臣接關之始咨民疾苦即欲裁撤各口與民休息

九四一　署理兩廣總督岑春煊奏折　請裁撤粵海關廣屬各號口（光緒三十二年九月十二日）

祇以庫款支絀財政艱難留之明知不便於商民裁之竊慮有虧於餉課迭飭籌議抵補之法因先將歷來所派之旗丁水手全行裁革嚴禁需索留難宿弊雖已漸除根株究猶未盡現商民因臣去粵深恐存此掛銷號口名目歷時浸久舊弊復萌經廣屬各行商集衆籌議歲願認餉銀八萬兩抵補所徵號税請將省河東西礮臺花地佛山紫洞思賢滘等各口一律奏明永遠裁撤由商會總協理候補四品京堂左宗蕃補用道鄭官應轉稟前來查光緒三十一年分東西礮臺佛山紫洞等處約收號税關平銀六

萬餘兩連花地口在内思賢滘現歸三水關兼
辦約收號餉關平銀四千兩左右又將軍水手
一款亦係各口帶收歲撥旗營公項旗丁養贍
共銀七千七百五十餘兩合計各行商歲認八
萬兩以之抵補號餉等項實屬有盈無絀臣維
設關榷税首去煩苛粤東商務積疲盖以土貨
滯銷洋貨充斥利權外溢𢦏不自振外洋各國
出口貨均免税今中國雖未能驟議及此而正
税之外更設苛例一隅所在重疊猎征其名目
並為各省所無長此相沿實非所以體恤商艱
之道粤民急公好義凡遇舉辦新政湊還賠款

九四一　署理兩廣總督岑春煊奏折

請裁撤粤海關廣屬各號口
（光緒三十二年九月十二日）

竭誠勸導無不踴躍樂輸暨待罪三年默念粤
中歲計所入與夫地方之需何者不取資民力
而獨於此區區號税未能設法爲之抵補使早
汰除竊自愧之今奉
命移督滇南去粤有日粤民盼除號口苛累一再迫
切禀陳述其吁籲之情不啻倒懸之急伏維
朝廷特設商部各省分設商會所以維持保護者亦
已至矣且迭奉
明詔嚴禁地方一切苛細雜捐此項掛銷號口爲百
數十年來巨蠹積弊之所在其虐商病民以視
苛細雜捐爲適甚我

皇太后
皇上痌瘝念切凡可損上益下即無所抵補必且不
惜此數萬金使斯民病困一蘇今各行商歲認
巨資自請籌抵是於弊去太甚之中猶容私不
忘公之意用特據實上陳為民請命伏懇
天恩俯准將粤海關東西礮臺花地佛山紫洞思賢
滘等處各號口一律即行裁撤其每年所認抵
補號税銀八萬兩即由廣屬各行商分按四季
呈繳俾紓商困出自
宸斷施行除咨税務處暨户商兩部查照外理合恭
摺瀝陳伏乞

九四一　署理兩廣總督岑春煊奏折

請裁撤粵海關廣屬各號口（光緒三十二年九月十二日）

皇太后

皇上聖鑒訓示謹

奏

該衙門議奏

光緒三十二年九月　十二　日

九四二　署理兩廣總督岑春煊奏折

整頓粤海各關口税務辦法并厘定解支各款(光緒三十二年九月十六日)

太子少保頭品頂戴署理兩廣總督管廣東巡撫事新授雲貴總督臣岑春煊跪

奏為整頓粵海各關口稅務辦法暨釐定解支各
款恭摺具陳仰祈
聖鑒事竊粵海關稅務經前撫臣張人駿與臣先後
接管所有撫臣管理期內規畫整頓未盡事宜
由臣悉心講求妥籌辦理於上年二月間
奏明在案旋臣考覈各關稅收惟瓊海關近年收
數較之一百六十八結以前短收頗鉅而以洋
藥稅釐為尤甚推原其故由於雷屬之廣州灣
劃為法界曩昔商販洋藥必須到瓊完稅者現
多避入廣州灣無稅口岸潛輸內地走漏稅釐

因撤總辦高雷各口稅務委員試用通判榮勳帶領臣署親兵偏歷雷高各口巡緝私土開導商民不准販私一面勘察地方形勢於雷州設緝私總卡並扼要設海安徐聞踏磊英利四處分卡以兩廣土藥統稅緝私隸焉該五卡員司薪水巡勇口糧房租雜用月支四百餘兩在雷屬口稅兩廣土藥統稅項下各半分支歲費口稅不過二千餘金而從此嚴密查緝有私必獲瓊關洋藥稅釐收數頓增上年九月結算一百七十七結至一百八十結征銀九萬九千餘兩較之一百六十九結至一百七十二結征銀二

九四二　署理兩廣總督岑春煊奏折　整頓粤海各關口税務辦法并厘定解支各款(光緒三十二年九月十六日)

萬四千餘兩計長征銀七萬五千餘兩一百七十三結至一百七十六結征銀三萬二千餘兩計長征銀六萬七千餘兩本年八月結算一百八十一結至一百八十四結征銀十一萬七千餘兩則較前長征尤多該關洋常各税亦較往年有盈無絀又水東税口為高州闔屬門户素稱多盗大賈富商不敢出資實力營業臣并諭令委員祭勳就地募款創辦巡警不敷經費准其禀請在口税釐金兩項内酌提濟用年餘以來屢獲著匪奸宄斂跡商販雲集高雷兩屬自設卡設巡之後口税頗有長征此整頓高雷瓊

九四二　署理兩廣總督岑春煊奏折　整頓粵海各關口税務辦法并厘定解支各款（光緒三十二年九月十六日）

三屬關口税務之情形也其餘各關口税亦長
者居多惟粵省土產以惠潮兩屬糖爲大宗製
造弗良價高貨劣近爲洋糖抵制出口日少税
收頗受其影響擬飭惠潮嘉道勸諭潮汕紳商
集股購機仿製洋糖以資抵禦辦有成效便可
推行各屬挽回利權商業振興税務自日有起
色蓋榷税之道不外爲商民興利除弊利縱不
能立致弊則可以立袪故臣管關以來擇口卡
之收税無幾而又無關查緝繞越偷漏者陸續
裁撤二十餘處在公家所損有限而閭閻受益
無窮此外如杜侵擾勤考察嚴比較以别功過

九四二　署理兩廣總督岑春煊奏折　整頓粵海各關口税務辦法并厘定解支各款(光緒三十二年九月十六日)

定限期以辦奏銷皆足以祛前此之積弊而策後效於將來此日統籌關務隨時隨事整頓之情形也至於解支各款亦經逐一分別釐定解款悉循部章支款如員司薪水巡丁工食則視任之重輕事之繁簡與收税之多寡爲準勇役口糧房租雜支則視其地之人工貴賤商務淡旺物價低昂爲準勢難一律然較之家丁書役駐口稽征時節省已十之三四粵關中飽各款現已和盤托出涓滴歸公當此百度維新實事求是動支各款自應實用實報一洗從前留款外銷積習總之有治法貴有治人有治人尤貴

九四二　署理兩廣總督岑春煊奏折

整頓粤海各關口税務辦法并厘定解支各款(光緒三十二年九月十六日)

有以養之勿使作奸犯科斯法乃能經久而不敝此臣與前撫臣張人駿既提各口規費充公又慮員司巡丁藉口清苦額外需索仍於提款內酌給伙食津貼之情形也所有整頓關務辦法六條釐定解支各款四條謹繕單恭摺具

奏伏乞

皇太后

皇上聖鑒敕外務部户部税務處查照立案謹

奏

該部議奏單片併發

光緒三十二年九月　十六　日

九四三 署理兩廣總督岑春煊奏折

請變通懲治漏税等項舊章（光緒三十二年九月十六日）

再粤海各口港汊紛歧商人利較錙銖繞越偷漏暨以多報少之弊所在皆有曩派家丁書役征收遇有偷漏短報不按例章肆意苛罰久為商病而偷漏短報亦因罰重而稍戢現在關務改章裁去家丁書役分别委用員司自應申明舊章並將舊章之不宜於今者因時而變通之俾各關口司榷者有所遵循庶不致如前此之苛刻遵粤海關志内載客商漏税照律治罪貨物一半入官若所漏之税為數無多分别議罰計漏正税五錢以上加罰一倍一兩以上加罰二倍二兩以上加罰三倍三兩以上加罰四倍

九四三 署理兩廣總督岑春煊奏折 請變通懲治漏税等項舊章(光緒三十二年九月十六日)

四兩以上加罰五倍五兩以上將貨物一半入
官一半補税所罰已重足以示懲漏税商人自
應免其治罪此舊章罰重應行改輕而無虞寬
縱者也又載走漏免單擔雜等税數在五錢以
上者加罰一倍而止罰輕不足示懲此章久同
虛設況近年各關與附近洋關各口常税改歸
税務司經征凡商貨應完免單擔號等款列入
正税併報即與正税無異自臣接管關務嚴飭
各員司力除積弊裕税恤商務宜兼顧晌屈兩
載苟非積慣繞越偷漏之奸商從未加以重罰
而歸税司派人征税各關口凡遇漏税之貨不

顧例章不論正雜一律議罰且有將全貨拍賣充公者立法不良累商實甚亟應因時變通明定章程使稽征各員司以及客商人等知所遵守庶漏稅者日少收稅者亦不至苛罰無度嗣後客商走漏短報免單擔號等款擬按應完銀數不及一兩暨一兩以上者加罰一倍二兩以上加罰二倍三兩以上加罰三倍四兩以上加罰四倍五兩以上加罰五倍為止免將貨物入官以示與偷漏正稅有所區別此舊章罰輕應行改重而不流苛刻者也如此變通舊制似覺輕重適宜臣已通飭各口遵行儻後查有違章

九四三　署理兩廣總督岑春煊奏折

請變通懲治漏税等項舊章

(光緒三十二年九月十六日)

苛罰者從重懲處相應請

旨敕下户部税務處核議劄行總税務司轉飭粤海

各關税務司遇有客商走漏常税貨物一律照

此辦理期於税收商情兩無妨碍臣爲杜弊恤

商起見除分咨查照外是否有當理合附片具

陳伏乞

聖鑒訓示謹

奏

覽

九四四　署理兩廣總督岑春煊奏折
報銷粵海各關收支洋稅各款
（光緒三十二年九月二十四日）

太子少保頭品頂戴署理兩廣總督廣東巡撫事新授雲貴總督臣岑春煊跪

奏為粵海各關一百八十一結起至一百八十四結止經徵洋稅各款收支數目開單報銷恭摺

仰祈

聖鑒事竊查粵海各關經徵稅項惟粵海潮海瓊海北海三水江門各關洋稅洋藥稅收支數目係按四結專摺奏銷其各關洋藥釐金九龍拱北兩關洋藥稅與九拱兩關百貨稅收支銀兩為數亦鉅向止分案造册報部不列奏銷以致隱匿侵盜弊端百出自關務改章後業經臣將光緒三十年十一月初四日即第一百七十七結

九四四　署理兩廣總督岑春煊奏折

報銷粵海各關收支洋税各款

(光緒三十二年九月二十四日)

第三月第十天前廣東撫臣張人駿接管之日起至光緒三十一年九月初二日第一百八十結止凡粵潮瓊北三江九拱各關洋税洋藥税暨九拱兩關百貨税徵收解支銀數併案開單

奏銷並造册送部核銷在案兹將自光緒三十一年九月初三日第一百八十一結起至光緒三十二年八月十三日第一百八十四結止粵海潮海瓊海北海三水江門九龍拱北各關洋税洋藥税釐暨九龍拱北兩關百貨税收支款目銀數併案

奏銷繕具清單恭呈

九四四　署理兩廣總督岑春煊奏折
報銷粵海各關收支洋税各款
（光緒三十二年九月二十四日）

御覽除造具四柱清册咨送户部税務處查核外理合恭摺具
奏伏乞
皇太后
皇上聖鑒謹
奏
該部知道單併發
光緒三十二年九月　二十四　日

九四五　署理兩廣總督岑春煊奏折

改章整頓粵海關(光緒三十二年九月二十四日)

太子少保頭品頂戴兵部尚書署理兩廣總督兼管廣東巡撫事務兼署粵海關監督臣岑春煊跪

奏為粵海關務改章整頓撙節釐剔歸公各款繕
單恭摺具陳仰祈
聖鑒事竊臣上年接管關務當將前撫臣張人駿管
理期內規畫整頓歲可增出銀四十餘萬兩擬
請撥補匯豐鎊價無著之款於光緒三十一年
二月二十日具奏四月初三日奉
旨著照所擬辦理該部知道欽此並准戶部咨此項
增出銀兩俟該關一年期滿核明數目另列清
釐一項奏報無庸列入正額盈餘數內統算以
清界限等因查洋税向按四結奏銷常税按年

九四五 署理兩廣總督岑春煊奏折

改章整頓粵海關(光緒三十二年九月二十四日)

奏銷各口税則或徵成元洋銀或徵全毫洋銀日久相沿驟難改爲一律所徵正雜税銀除各該口支銷並於常税奏銷案内列報額徵銀三萬五千餘兩外餘銀向歸中飽現在悉數歸公計自光緒三十年十一月初四日一百七十七結第三月第十日起至三十一年九月初二日一百八十結期滿止洋税收支款内節省歸公紋銀十五萬六百九十二兩四錢五分二釐又自光緒三十年十一月初四日起至三十一年十二月底止常税收支款内節省歸公並新增紋銀七萬六千七百二十五兩一錢三分二釐

又各口徵收正雜稅内除常稅奏銷列報東隴
黄岡二口暨各口額徵銀三萬五千八百四十
七兩六錢七分並支經費津貼等項外實剩正
稅成元洋銀六千九百九十二兩五錢二分四
釐全毫洋銀十六萬七千六百三十兩九錢八
分九釐雜款全毫洋銀六萬九千五百八十一
兩七錢五分一釐統計洋常稅收支款内節省
歸公關平紋銀二十二萬七千四百一十七兩
五錢八分四釐各口正雜稅内除列常稅奏銷
並支經費津貼等項外下剩歸公關平成元洋
銀六千九百九十二兩五錢二分四釐全毫洋

九四五　署理兩廣總督岑春煊奏折　改章整頓粤海關(光緒三十二年九月二十四日)

銀二十三萬七千二百十二兩七錢四分以上
紋銀暨成元全毫洋銀共四十七萬一千六百
二十二兩八錢四分八釐撥補光緒三十一年
分匯豐鎊價無著之款又一百八十一結至一
百八十四結即三十一年九月初三日起至三
十二年八月十三日止洋税收支款内節省歸
公關平紋銀二十一萬五千七百八十四兩六
錢五分九釐撥補光緒三十二年分匯豐鎊價
無著之款除將收支銀數造册分報户部税務
處外所有粤海各關洋常税收支款内節省歸
公並各口正雜税除支銷下剩歸公各銀數理

九四五　署理兩廣總督岑春煊奏折

改章整頓粤海關（光緒三十二年九月二十四日）

合開具清單恭摺具陳伏乞

皇太后

皇上聖鑒謹

奏

該衙門知道單併發

光緒三十二年九月　二十四　日

九四六　署理兩廣總督岑春煊奏折

粤海各關洋常各税等銀數移交清楚

(光緒三十二年九月二十六日)

太子少保頭品頂戴署理兩廣總督管廣東巡撫事新授雲貴總督臣岑春煊跪

奏為粤海各關洋常税各口税暨洋常税項下節
省歸公各銀數移交清楚恭摺仰祈
聖鑒事竊臣署理兩廣總督任内兼管粤海關務所
有粤海各關洋税截至一百八十四結即光緒
三十二年八月十三日止常税截至光緒三十
一年十二月底止征收解支及節省歸公各款
均經分案開單
奏報並分咨户部税務處核銷在案查洋税報至
一百八十四結止結存銀三萬七百三十五兩
七錢九分三釐自三十二年八月十四日即一

九四六　署理兩廣總督岑春煊奏折

粵海各關洋常各税等銀數移交清楚
（光緒三十二年九月二十六日）

百八十五結第一月第一日起至九月二十六交關前一日止收銀六十一萬八千四百五十三兩八錢八分解支銀二十萬四千八百七十七兩九錢二分五釐又支九拱兩關欠解一百八十四結銀三萬四千三兩一錢七釐實存關平紋銀四十一萬三百八兩六錢四分一釐常税報至三十一年年底止結存銀二十四萬六千二百九十四兩九錢二分九釐自三十二年正月起至九月二十六交關前一日止收銀三十六萬六千四百八十一兩九錢二分八釐解支銀五十萬八千二百四十五兩三錢一分三

九四六　署理兩廣總督岑春煊奏折　粵海各關洋常各税等銀數移交清楚（光緒三十二年九月二十六日）

釐實存關平紋銀十萬四千五百三十五兩四錢四分四釐各口税自三十二年正月起至九月二十六交關前一日止收成元洋銀六萬八千五百五十五兩六錢六釐全毫洋銀九萬五千七百七十五兩九錢八分九釐節省歸公各款洋税自一百八十五結起常税自三十二年正月起均截至九月二十六交關前一日止結存關平紋銀一萬四千一百五兩五錢六分三釐關平全毫洋銀四萬四千二百三十兩四錢三分四釐以上共存關平紋銀五十二萬八千九百㗐十九兩六錢四分八釐成元洋銀六萬八千五百五十五兩六錢六釐全毫洋銀十四

九四六　署理兩廣總督岑春煊奏折
粵海各關洋常各税等銀數移交清楚
(光緒三十二年九月二十六日)

萬六兩四錢二分三釐如數移交新任督臣周馥
接收清訖所有暫任内兼管粵海關務移交後
任接收洋常税各口税並節省歸公各銀數除
分咨户部即新改之度支部暨税務處查照外
謹繕摺具陳伏乞
皇太后
皇上聖鑒再移交節省歸公關平紋銀一萬四千一
百五兩五錢六分三釐内應扣解部庫二成減
平銀二千七百四十四兩六錢九分八釐合併
陳明謹
奏
該衙門知道

九四六　署理兩廣總督岑春煊奏折

粵海各關洋常各稅等銀數移交清楚

（光緒三十二年九月二十六日）

光緒三十二年九月廿六日

九四七　兩廣總督張人駿奏折

粵海關撥解英德還款銀數
(光緒三十三年十二月初八日)

再前准户部咨應還英德本息由各海關洋税洋藥税釐項下攤派粵海關每年派撥銀五十二萬兩匀分二五八冬四箇月解赴江海關道交納復准部咨英德借款鎊價昂貴原撥銀數不敷每年加撥粵海關銀十三萬兩又廣東省應還鎊價不敷由藩庫改撥關庫銀九萬五千兩各等因歷經遵照籌解在案兹光緒三十三年冬月分應匀解英德還款計原撥銀十三萬兩加撥銀三萬二千五百兩又改撥銀二萬三千七百五十兩共銀一十八萬六千二百五十兩已於本年十一月十二日發交商號志成信

九四七　兩廣總督張人駿奏折

粵海關撥解英德還款銀數

（光緒三十三年十二月初八日）

等匯解江海關道交納除咨度支部查照外謹

附片陳明伏乞

聖鑒謹

奏

該部知道

九四八　署理葡國公使柏德羅致外務部照會
中國兵船捕獲赴澳門日輪請釋放
(光緒三十四年正月十七日)

45 正月十七收

照會

大西洋國署理欽差全權大臣柏　爲
照會事。現知有中國海關兵船，於本月初六日，在葡
領海面路環灣捕獲日本輪船辰丸號一艘，迫令同
至廣州口岸，查該船係裝載鎗枝，運卸澳門該

九四八 署理葡國公使柏德羅致外務部照會

中國兵船捕獲赴澳門日輪請釋放

(光緒三十四年正月十七日)

船被拏有背葡國所領沿海權並有碍葡國主權
阻害澳門商務本署大臣甚爲駭訝想此事僅係因
中國兵船管帶官才短不明職守因該輪船不應在
葡國所領海面捕拏本署大臣定想
貴爵迅速轉飭刻即釋放以該船隨便前往所擬之
處須至照會者

右　　照　　會

大清欽命總理外務部事務和碩慶親王

九四八　署理葡國公使柏德羅致外務部照會

中國兵船捕獲赴澳門日輪請釋放

（光緒三十四年正月十七日）

光緒三十四年正月　十七　日

九四八 署理葡國公使柏德羅致外務部照會 中國兵船捕獲赴澳門日輪請釋放 (光緒三十四年正月十七日)

1202

Légation de Portugal en Chine.

Pekim, 18 Fevereiro 1908

Alteza

Recebi informaçaõ de qe uma canhoneira das Alfandegas chinezas apprehendeu em 7 do corrente, em agoas portuguezas de Colovane o vapor japonez Chio Sii Maru

A Sua Alteza Imperial
O Principe Ch'ing
etc etc etc

九四八 署理葡國公使柏德羅致外務部照會
中國兵船捕獲赴澳門日輪請釋放
(光緒三十四年正月十七日)

e de comprehensão dos seus deveres do commandante da referida canhoneira.

Ao ter a honra de expôr o que precede a Vossa Alteza Imperial, tenho a certeza que Vossa Alteza fará expedir rapidamente as ordens necessarias para que esse vapor, indevidamente apresado em aguas portuguezas, seja immediatamente livre e possa dirigir-se ao seu destino.

Aproveito

九四八 署理葡國公使柏德羅致外務部照會 中國兵船捕獲赴澳門日輪請釋放

(光緒三十四年正月十七日)

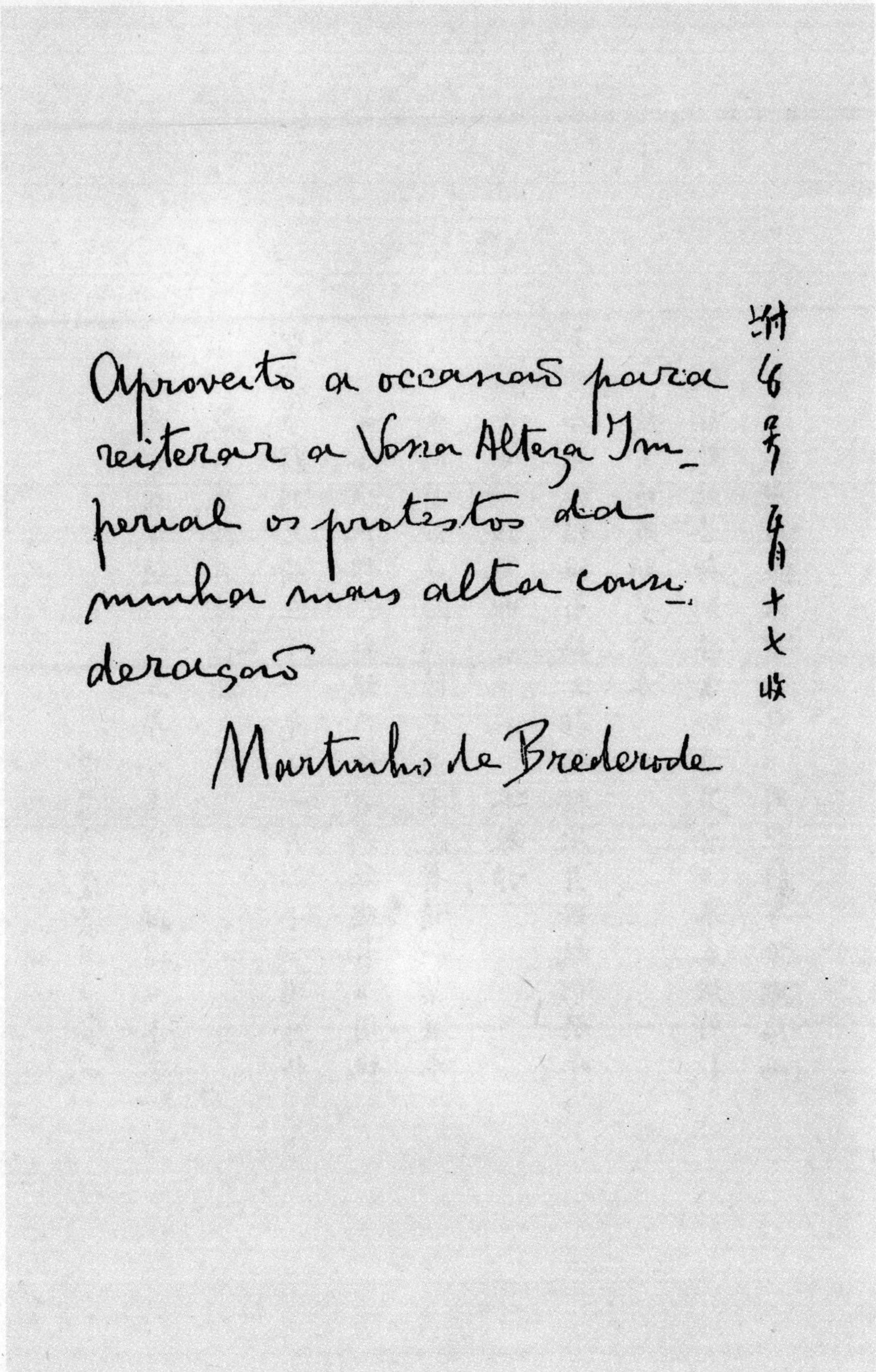

Aproveito a occasião para reiterar a Vossa Alteza Imperial os protestos da minha mais alta consideração

Martinho de Brederode

卅四年正月十七收

九四九　兩廣總督張人駿奏折

粵潮二關進口米麥數目

（光緒三十四年二月十二日）

兩廣總督兼管廣東巡撫事臣張人駿跪

奏為彙報光緒三十三年分粵潮兩關進口米麥數目恭摺具陳仰祈

聖鑒事竊照光緒三十一年十一月初十日准外務部咨准户部咨稱議覆前署兩江總督臣周馥會同前江蘇撫臣陸元鼎電奏暫請弛禁穀米出口一摺聲明出口入口米數請

旨飭令沿江沿海督撫互相稽核按月册報仍於年底彙總奏明等因奉

旨依議欽此咨行到粵當經前署督臣岑春煊轉行遵照辦理並經前任督臣周馥將粵海潮海兩

九四九　兩廣總督張人駿奏折

粵潮二關進口米麥數目
（光緒三十四年二月十二日）

關自光緒三十一年十二月初七日起至三十
二年十一月十六日止進口出口米麥數目恭
摺具
奏在案茲據廣東布政使胡湘林詳稱准關務處
移開據粵潮兩關稅務司將粵海潮海兩關自
光緒三十二年十一月十七日起至三十三年
十一月二十七日止所報進口米麥數目彙齊
查核計粵海關共進口米六千六百一十五萬
五千七百一十斤進口麥五百八十八萬八千
八十九斤進口麥糠一十四萬八千斤進口麥
粉一萬五千斤進口穀四百斤潮海關共進口

米一萬一千一百七十四萬四千三百三十二斤進口麥八百二十一萬六千二十八斤兩關均無出口米麥至起止月日係據税務司按照西歷全年核計等情由關務處列單移司造册

詳請

奏咨前來。覆核無異除將清册咨送外務部度支部查照外理合恭摺具

奏伏乞

皇太后

皇上聖鑒謹

奏

九四九　兩廣總督張人駿奏折

粤潮二關進口米麥數目

(光緒三十四年二月十二日)

九四九　兩廣總督張人駿奏折
粵潮二關進口米麥數目
（光緒三十四年二月十二日）

該部知道

光緒三十四年二月　十二　日

九五〇 兩廣總督張人駿奏折

粵海各關洋税節省歸公各數（光緒三十四年五月十二日）

兩廣總督兼署廣東巡撫事臣張人駿跪

奏為粵海各關第一百八十五結至一百八十八結洋税撙節釐剔歸公各款數目繕單恭摺具

陳仰祈

聖鑒事竊粵海關自改章整頓後經前督臣岑春煊

奏請將臣前在廣東巡撫任內接管關務時規畫整頓每歲增出銀四十餘萬兩撥補匯豐磅價無着之款奉

旨着照所擬辦理該部知道欽此並准户部咨此項增出銀兩俟該關一年期滿核明數目另列清釐一項奏報無庸列入正額盈餘數内統算以

九五〇 兩廣總督張人駿奏折

粤海各關洋税節省歸公各數（光緒三十四年五月十二日）

清界限等因查粤海關洋税節省各款已報至一百八十四結止常税及各口税節省各款已報至三十二年年底止兹查光緒三十二年八月十四日第一百八十五結起至三十三年八月二十三日第一百八十八結止洋税收支款内共節省歸公紋銀二十一萬九千六百九兩九錢四釐已全數撥補光緒三十三年分匯豐磅價無着之用除將收支細數造册分報度支部税務處查核外所有粤海各關第一百八十五結至一百八十八結洋税節省歸公各款數目理合開具清單恭摺具

九五〇　兩廣總督張人駿奏折　粤海各關洋税節省歸公各數（光緒三十四年五月十二日）

奏再三十三年分常税及各口税項下節省歸公
各數現已另案開單報銷合併陳明伏乞
皇太后
皇上聖鑒謹
奏
該部知道單併發
光緒三十四年五月　十二　日

九五一　兩廣總督張人駿奏折

報銷粵海各關收支洋稅各款數目
(光緒三十四年五月十二日)

兩廣總督兼署廣東巡撫事臣張人駿跪

奏爲粵海各關一百八十五結起至一百八十八結止經徵洋稅各款收支數目開單報銷恭摺

仰祈

聖鑒事竊查粵海各關經徵稅項惟粵海潮海瓊海北海三水江門各關洋稅洋藥稅收支數目係按四結專摺奏銷其各關洋藥釐金九龍拱北兩關洋藥稅與九拱兩關百貨稅收支銀兩爲數亦鉅向止分案造册報部不列奏銷以致隱匿侵盜弊端百出自關務改章後業經前督臣岑春煊將光緒三十年十一月初四日即第一

九五一 兩廣總督張人駿奏折
報銷粵海各關收支洋税各款數目
(光緒三十四年五月十二日)

百七十七結第三月第十天臣前在廣東巡撫任内接管之日起至光緒三十一年九月初二日第一百八十結止又光緒三十一年九月初三日第一百八十一結起至光緒三十二年八月十三日第一百八十四結止凡粵潮瓊北三江九拱各關洋税洋藥税暨九拱兩關百貨税徵收解支銀數併案先後開單奏銷並造冊送部核銷在案兹將自光緒三十二年八月十四日第一百八十五結起至光緒三十三年八月二十三日第一百八十八結止粵海潮海瓊海北海三水江門九龍拱北各關洋

九五一　兩廣總督張人駿奏折
報銷粵海各關收支洋税各款數目
(光緒三十四年五月十二日)

税洋藥税釐暨九龍拱北兩關百貨税收支款
目銀數併案
奏銷繕具清單恭呈
御覽除造具四柱清册咨送度支部税務處查核外
理合恭摺具奏伏乞
皇太后
皇上聖鑒謹
奏
該部知道單併發
光緒三十四年五月　十二　日

九五二　兩廣總督張人駿奏折

粵潮二關進口米麥數目
（宣統元年四月十二日）

兩廣總督兼管廣東巡撫事臣張人駿跪
奏為彙報光緒三十四年分粵潮兩關進口米麥
數目恭摺具陳仰祈
聖鑒事竊照光緒三十一年十一月初十日准外務
部咨准戶部咨稱議覆前署兩江總督臣周馥
會同前江蘇撫臣陸元鼎電奏暫請弛禁穀米
出口一摺聲明出口入口米數請
旨飭令沿江沿海督撫互相稽核按月冊報仍於年底
彙總奏明等因奉
旨依議欽此咨行到粵當經前署督臣岑春煊轉行遵
照辦理並經前任督臣周馥及臣將粵海潮海

九五二　兩廣總督張人駿奏折

粤潮二關進口米麥數目

(宣統元年四月十二日)

兩關自光緒三十一年十二月初七日起至三十三年十一月二十七日止進口出口米麥數目先後恭摺具

奏在案。茲據廣東布政使胡湘林詳稱：准關務處移開：據粤潮兩關稅務司將粤海、潮海兩關自光緒三十三年十一月二十八日起至三十四年十二月初九日止所報進口米麥數目彙齊查核。計粤海關共進口米一萬九千九百八十萬零一十六斤，進口麥一十一萬一千二百九十八斤，進口麵粉三千七百五十斤，進口高粱六萬斤。潮海關共進口米一萬九千四百七十

九五二 兩廣總督張人駿奏折

粤潮二關進口米麥數目

(宣統元年四月十二日)

三萬七千八百九十斤進口麥七百三十九萬

一千九百零七斤兩關均無出口米麥至起止

月日係據税務司按照西歷全年核計等情由

關務處列單移司造册詳請

奏咨前來臣覆核無異除將清册咨送外務部度

支部查照外理合恭摺具

奏伏乞

皇上聖鑒謹

奏

該部知道

宣統元年四月 十二 日

九五三　署理兩廣總督袁樹勛奏折
遵旨籌辦粵省賭餉情形
(宣統元年八月二十四日)

署理兩廣總督兵部侍郎兼都察院右副都御史山東巡撫臣袁樹勛跪

奏為覆陳粵省賭餉遵
旨籌辦情形恭摺仰祈
聖鑒事竊臣於宣統元年七月二十二日承准軍機
大臣字寄宣統元年六月初三日奉
上諭有人奏請停收廣東賭餉等語著體察情形妥
籌酌辦原片著鈔給閱看等因欽此遵
旨寄信前來當即轉行司局欽遵辦理在案竊查粵
省賭博之為害萌櫱於三十年以前而騰踔於
近廿年以內本年五月間前督臣張人駿曾遵
旨覆陳賭餉出入大宗以為實行禁賭必先妥籌抵

九五三　署理兩廣總督袁樹勛奏折

遵旨籌辦粵省賭餉情形

(宣統元年八月二十四日)

餉嗣後粵省無論籌得何款均先儘賭餉撥抵
務期賭博陸續禁絕賭餉次第停收並俟諮議
局成立會集議員妥商辦理各等語奉
硃批着照所請欽此乃
絲綸之色方新而封奏之書又上蓋禍去惟恐不速
詢謀益見僉同此誠粵省一大秕政亦諮議局
定章應興應革一大問題不嫌反覆討究以覘
輿論之公而絕酖脯之毒者也查原奏各節前
督臣張人駿覆奏摺内言之備矣臣覆加考核
切知粵省受賭害剝膚之痛與賭餉爲政體所
關有爲原摺所未詳並前督臣覆奏所未及者

九五三　署理兩廣總督袁樹勛奏折

遵旨籌辦粵省賭餉情形

(宣統元年八月二十四日)

謹將遵
旨籌辦情形為我
皇上縷陳之查粵省賭餉類別有四一曰榜卜餉即闈姓是一曰緝捕經費餉即番攤是一曰基鋪山票餉一曰彩票餉其鄉僻賭博如花會等名目向不承充餉項仍在例禁者不與焉四者之中以闈姓為最早溯查同治四五年間前督臣瑞麟前署撫臣郭嵩燾罰繳闈姓軍需銀十四萬兩至十年十一年間前督臣瑞麟前撫臣張兆棟復援案罰繳銀三十二萬三千五百兩名曰罰款實抽分賭館之餘利也此為闈姓繳費

九五三　署理兩廣總督袁樹勛奏折

遵旨籌辦粵省賭餉情形

（宣統元年八月二十四日）

之濫觴迨同治十三年御史鄧承修始有禁抽闈姓賦款之請光緒元年給事中黄槐森復有申明前禁之請前撫臣張兆棟奏陳闈姓賭局已禁不宜復開欽奉

諭旨將闈姓賭款嚴申禁令永遠裁革不准藉詞復開以肅政體等因光緒六年御史鍾孟鴻復有闈姓賭場徙至澳門恐成漏卮之奏經前督臣張樹聲覆奏謂中國力能自强未嘗不可據理阻止又痛陳闈姓賭館之害奉

旨欽遵各在案是當日賭博之最著者惟闈姓一項賭博繳費而為官家所承認者亦惟闈姓一項然

九五三 署理兩廣總督袁樹勛奏折

遵旨籌辦粵省賭餉情形

(宣統元年八月二十四日)

其時言官之陳奏暨臣之籌慮已焦然於止渴飲酖之非計積薪厝火之宜防臣所謂萌蘖於三十年以前者此也迨光緒十年前督臣張之洞等奏准弛禁濟餉為一時權宜之計而榜卜之聲喧闐於道路自科歲試以至鄉會各試無歲不有官家以奏准有案亦遂視若無睹箝口結舌象箸不已必為玉杯於是民間又有小闈姓之設幾於無人不賭無日不賭而粵省之賭風乃愈熾迨光緒二十六年前署督臣李鴻章復將番攤賭博改名為緝捕經費初則每年僅繳餉銀一百三十餘萬兩二十九年前督臣岑

九五三　署理兩廣總督袁樹勛奏折

遵旨籌辦粵省賭餉情形

(宣統元年八月二十四日)

春煊以小闈姓為害最烈先行禁止而番攤一
項飭改為官督商辦分地招商承充歲收約銀
三百萬元左右三十一年歸併善後局飭商加
餉現計歲收約銀二百七八十萬兩惟邊境欽
廉一帶不准開設又龍川和平長甯連平長樂
南澳等廳州縣陸續籌抵有款先後飭將賭博
嚴禁基鋪山票一項除一次報效各款並農工
商實業等項經費不計外新舊認款約歲收銀
一百三四十萬兩備詳於前督臣張人駿覆奏
摺內其彩票一項已為他省普通之弊政初由
前督臣李鴻章以澳門彩票試行不能禁絕不

九五三　署理兩廣總督袁樹勛奏折

遵旨籌辦粵省賭餉情形

(宣統元年八月二十四日)

如設法抵制飭由司局詳明准歸商人承辦名
曰中和公司自光緒二十六年六月起歲收七
兑餉銀十三萬二千元嗣後承辦之商因滯銷
減餉屢有變更迨本年四月連前所認並加餉
每年共繳銀五萬七千五百餘元此在粵省賭
餉中為數最微凡以上各賭餉或撥充水陸防
營勇餉或為添練新軍及舉辦新政並一切雜
費之用前督臣張人駿覆奏摺内聲明皆有檔
案可稽者臣所謂騰躍於近十年以内者此也臣
綜核四種賭餉其歷史不同現籌辦法亦因之
而殊異榜卜餉一項自科舉停止本在毋庸置

九五三　署理兩廣總督袁樹勛奏折

遵旨籌辦粵省賭餉情形

（宣統元年八月二十四日）

議之列本屆舉行優拔各考試免欠為之復燃
本年正月間經前督臣張人駿諭准商人承辦
共認繳餉銀三十萬元分五場勻繳至明年
朝考優為止此實榜卜之尾聲為今明兩年之賭餉
並非常年收款惟下屆壬子一科尚應考優臣
擬截至明年為止以後無論何項考試不准商
人承充闈姓即榜卜餉項以符
先朝諭旨永遠裁革不准藉詞復開之至意此應剋期
禁絕者一也彩票一項江南湖北等省皆有之
其舉辦緣起則皆曰抵制外來之彩票臣在蘇
松太道任時始而上海租界高懸旗幟出售彩

九五三　署理兩廣總督袁樹勛奏折
遵旨籌辦粵省賭餉情形
（宣統元年八月二十四日）

票臣與駐滬各領事往返商榷以彩票非正經
營業將租界華界一律禁止未幾而各省彩票
踵興均視上海為淵藪南市一帶遂仍然開設
而北市屬於租界至今闃如相形之下可為太
息是亦不大可以已乎此項彩票在粵人之尤
嗜賭者方熟視而無睹蓋其他賭類繁多慾望
更鉅歷來商人承充彩票滯銷告退率以此今
且繳餉無多臣方從事於裁汰冗濫此項彩票
五萬餘元之餉項欲裁則徑裁矣但本省之彩
票禁而外省之彩票來則不足以服粵民之心
而遏賭徒之欲應請

九五三　署理兩廣總督袁樹勛奏折
遵旨籌辦粵省賭餉情形
（宣統元年八月二十四日）

敕下江南湖北有彩票各省分能由各督撫各自為
禁固甚善否亦勿聽商販到粵售銷以妨禁令
至於澳門密邇或慮莠民屯徙恃為利市然果
中國力能自强自可據理阻止前督臣張樹聲
奏摺内已剴切言之譬之人家有好賭之子弟
而父兄防其避賭於鄰舍乃招子弟歸而縱賭
且坐取其利焉不待智者而知其不可也臣擬
截至本年冬底為止不准該賭館再發售宣統
二年之彩票以上兩宗指撥之餉現計裁節水
陸防營各糜費當足相抵無須另籌此應剋期
禁絕者二也此外則惟緝捕經費基鋪山票為

賭餉之大宗夫以番攤賭博風氣之壞查照刑
部議准廣東省各項賭博應加重治罪之文番
攤應居其首蓋番攤賭博内尚分銀攤錢攤兩
種銀攤則必稍有身家始預於其列錢攤則傭
工負販日獲此數文以至數十百文皆得與賭夫傭
工負販日獲此數文至數十百文亦藉以餬口
一為番攤所搜括則立迫於飢寒至迫於飢寒
則無所不為矣夫以從前部議加重治罪之賭
博一旦而變為奏准承充餉項之賭博於是通
衢大道高懸門帘大書特書有曰緝捕經費者
有曰海防經費者而基鋪山票及各項彩票亦

九五三　署理兩廣總督袁樹勛奏折

遵旨籌辦粵省賭餉情形
(宣統元年八月二十四日)

鱗次櫛比於闤闠之間入其國而其教可知是何景象乎人亦有言賭博所以鑄造盜賊夫明知其為鑄造盜賊而故養成之又適以害己是不智也抽收其餘利而美其名曰緝捕經費養成之而又捕戮之是不仁也不仁不智之政策未有可以立國者但此項賭餉每歲至四百數十萬兩之鉅若驟予裁撤誠如前督臣所言此中為難情形有非局外人所能深悉者除照前督臣奏請無論籌得何款均先儘賭餉撥抵外仍通飭各屬一邑籌抵有款則禁一邑一鄉籌抵有款則禁一鄉猶慮向無賭博之區尚有蔓

九五三　署理兩廣總督袁樹勛奏折　遵旨籌辦粤省賭餉情形（宣統元年八月二十四日）

延之患刻已分電各屬何處有賭何處無賭一
俟報告到齊彙列一表其向無賭博之處即分
飭立案永遠不准設賭前則以籌抵為禁此則
兼以堵截為禁一面與司道籌商的款一面交
諮議局會議辦法蓋照諮議局定章第二十一
條應議決本省擔任義務之增加事件是籌抵
固屬於義務之增加即禁淨以後仍恐偏僻州
縣或有官紳庇賭之事令得地方議會互相稽
查庶耳目較周而邪慝不作總之籌款多則多
減賭餉籌款少則少減賭餉餉則遞減以至於
無賭則遞禁以至於絕臣到任未久於禁賭年

九五三 署理兩廣總督袁樹勛奏折

遵旨籌辦粵省賭餉情形（宣統元年八月二十四日）

限固不敢斷言然熟籌審處規畫亦止於此此
應分期禁絕者三也凡此皆遵
旨籌辦之大概情形也抑臣尤有進者從前賭禁之
弛大率出於一時之權宜今世變侵尋粵省為
南洋門户九年籌備觀聽繫之若留此稗政而
不亟思湔除竊恐妨礙既多而籌備無效何以
言之如諮議局章程營業不正不得有選舉權
而粵省開賭者號稱賭商且有貿然赴部注册
自〻於公司者妨礙者一地方自治方在萌芽
他日實行對於此項賭博必應在驅除之列粵
省則凡此項賭徒區分地段招人承充既至其

九五三　署理兩廣總督袁樹勛奏折　遵旨籌辦粵省賭餉情形（宣統元年八月二十四日）

地則事屬餉需官長亦不得阻止矣論紳士妨
礙者二巡警保衛治安對於聚賭之徒本應拘
解粵省高張旗幟巡警不得過問而盜賊潛滋
妨礙者三教育為萬事之母籌備清單尤所注
重然一鄉一邑設一學校不敵設一賭館習染
移人子弟多暴教育將何所施妨礙者四此特
舉其顯而易見者害不百不除賭博之有百害
而無一利奚待臣言而獨至廣東則視為大利
之所在腥羶相習幾數十年近則外侮內憂人
心悔禍探諸輿論亦廑覺其非益佩
先朝永遠裁革之諭固已燭照幾先而留遺於我子孫

九五三　署理兩廣總督袁樹勛奏折

遵旨籌辦粵省賭餉情形
（宣統元年八月二十四日）

黎民者甚大臣愚以為粵省賭禍既深又疊蒙
諭旨體察籌辦血氣之倫固已同聲感戴臣所籌擬
各項辦法可否請
特降諭旨將闈姓即榜卜餉儘明年截止以後無論
何項考試不得再准商人承充彩票則截至本
年冬底為止並不准他省彩票到粵運銷以壹
禁令至於澳門一隅向為賭徒嘯聚之所應仿
照禁煙辦法據理阻止使外人無所藉口至於
番攤即緝捕經費又基鋪山票承餉既鉅應節
節限制凡無賭之區不得再開賭博有賭之區
仍著設法籌抵並一面由臣與司道等籌有的

九五三　署理兩廣總督袁樹勛奏折　遵旨籌辦粵省賭餉情形（宣統元年八月二十四日）

款分別減禁共勉為立憲國人民剷除既往策
勵將來現適值諮議局開議之時一經
聖訓傳宣在各議員同受
國恩自必倍形鼓舞庶籌抵非託空言而禁賭可
覘實效蘇民生於水火之中啟之者
先朝而成之者我
皇上也微臣接篆至今寢食傍徨以為治粵政策不除
弊則興利為無方不節流則開源為易竭粵省
歲入向恃賭餉為大宗經此節節裁汰則歲入
頓減而歲出尚日見其增除將預計禁賭後財
力不支及出入相抵現已歲虧甚鉅另行奏報

九五三　署理兩廣總督袁樹勛奏折

遵旨籌辦粤省賭餉情形
(宣統元年八月二十四日)

外所有遵
旨籌議賭餉各緣由是否有當理合恭摺具陳伏乞
皇上聖鑒訓示謹
奏

著照所請該部知道

宣統元年八月　二十四　日

九五四　署理總税務司裴式楷致外務部清折
江海關征收華洋商船税鈔數目
(宣統二年二月初六日)

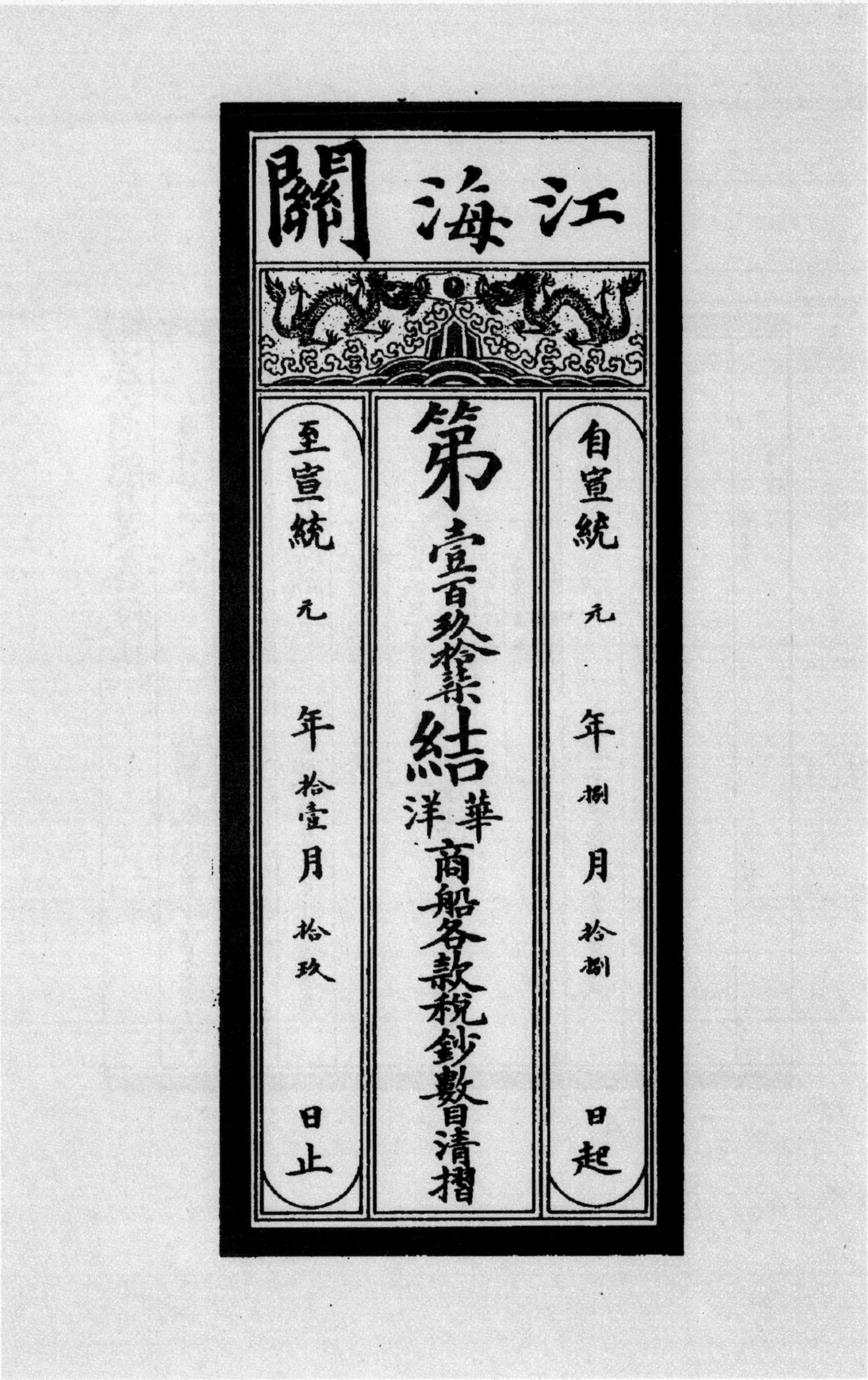
江海關

自宣統元年捌月拾捌日起

第壹百玖拾柒結華洋商船各款税鈔數目清摺

至宣統元年拾壹月拾玖日止

九五四　署理總稅務司裴式楷致外務部清折
江海關征收華洋商船稅鈔數目
（宣統二年二月初六日）

洋商船隻各稅款

一收洋貨進口正稅　共關平銀壹百叁拾捌萬叁千肆百肆拾壹兩叁分叁釐

一收土貨出口正稅　共關平銀肆拾肆萬貳千柒百叁兩壹錢壹分玖釐

一收土貨復進口稅　共關平銀拾貳萬壹千捌兩壹錢肆分玖釐

一收生熟藥土青稅

洋藥		土藥			
進口正稅拾叁萬叁千肆百伍拾叁兩貳錢	專條釐金叁拾肆萬玖千捌百柒拾伍兩貳錢	進口正稅　無	出口正稅　無	又補出口半稅銀　無	復進口稅　無

共關平銀肆拾捌萬叁千叁百貳拾捌兩肆錢

一收船鈔　共關平銀貳拾萬叁千壹百玖拾伍兩叁錢

以上本結收洋商稅鈔共關平銀貳百陸拾肆萬叁千陸百叁拾陸兩壹釐

九五四　署理總税務司裴式楷致外務部清折

江海關征收華洋商船税鈔數目

(宣統二年二月初六日)

華商船隻各税款

一收洋貨進口正税　共關平銀陸萬捌千肆百伍拾叁兩貳錢肆分伍釐

一收土貨出口正税　共關平銀拾壹萬柒千玖百伍拾伍兩貳錢陸分

一收土貨復進口税　共關平銀捌萬肆千陸百肆拾叁兩柒錢叁分貳釐

一收生熟藥土膏税

洋藥		土藥			
進口正税伍兩壹錢	專條釐金拾叁兩陸錢	進口正税無	出口正税無	各處分銷釐金無	復進口税無

共關平銀拾捌兩柒錢

一收船鈔　共關平銀壹萬壹千貳百伍拾壹兩捌錢

以上本結收華商税鈔共關平銀貳拾捌萬叁千叁百貳拾貳兩柒錢叁分柒釐

九五四　署理總税務司裴式楷致外務部清折

江海關征收華洋商船税鈔數目

（宣統二年二月初六日）

華洋子口税款　華商奉照運㡳另納之數未計在内

一收洋貨入内地子口税　共關平銀貳萬壹千捌百柒拾叁兩捌錢捌分叁釐

一收土貨出内地子口税　共關平銀玖千柒百陸拾陸兩壹分伍釐

以上本結收華洋子口税共關平銀叁萬壹千陸百叁拾玖兩捌錢玖分捌釐

統計三款共收關平銀貳百叁拾伍萬捌千陸百叁拾捌兩陸錢叁分伍釐

查本結統計三款内應扣除由本關押註現銀存票捌百叁拾張計關平銀壹萬叁千捌百貳拾捌兩[illegible]錢捌分貳釐

洋藥税釐併徵款項

一收洋華船洋藥進口正税　共關平銀拾叁萬叁千肆百伍拾捌兩叁錢

一收洋華船洋藥專條釐金　共關平銀叁拾伍萬伍千捌百捌拾捌兩捌錢

以上共收洋藥進口正税專條釐金　統計二款共收關平銀肆拾捌萬玖千叁百肆拾柒兩壹錢

查本結底所有藥關未完税釐之洋藥開後

白皮土貳千壹百貳箱半計重貳千壹百貳擔伍拾觔　金花土　波斯無　土耳基無

九五四　署理總税務司裴式楷致外務部清折
江海關征收華洋商船税鈔數目
（宣統二年二月初六日）

公班土肆千捌百陸拾玖箱計重伍千捌百肆拾貳担捌拾觔　熟膏半件計重叁拾叁觔

喇庄土玖百拾捌箱計重壹千壹百壹担陸拾觔

土藥統税正經款項

一本結代收土藥統税正項　共庫平銀拾貳兩伍錢

一本結代收土藥統税經費　共庫平銀壹兩捌錢柒分伍釐

以上二款共收庫平銀拾肆兩叁錢柒分伍釐業已如數運交土藥統局查收矣

運漕冊帳

本結運漕出口共裝無　石斗升　每石按壹百肆拾斤計

應免未免税之二成貨物　共出口無　觔
　　　　　　　　　　　　復進口無　觔　按壹百貳拾斤為壹石合算

開除撥抵之二成貨税　共關平銀無

合併聲明

九五四　署理總税務司裴式楷致外務部清折

江海關征收華洋商船税鈔數目

（宣統二年二月初六日）

核對

宣統二年二月初六日

署總税務司裴式楷轉呈

隨申文第一千一百十四號

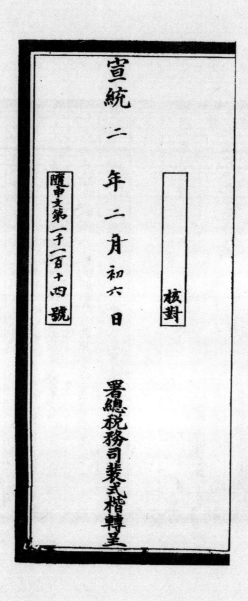

九五五 署理總稅務司裴式楷致外務部清折

福海關征收華洋商船稅鈔數目

(宣統二年二月初六日)

福海關

自宣統元年捌月拾捌日起

第壹百玖拾柒結

華洋商船各款稅鈔數目清摺

至宣統元年拾壹月拾玖日止

九五五　署理總稅務司裴式楷致外務部清折

福海關征收華洋商船稅鈔數目
（宣統二年二月初六日）

洋商船隻各稅款

一收洋貨進口正稅　共關平銀玖錢肆分陸釐

一收土貨出口正稅　共關平銀叁千貳百伍拾伍兩壹分陸釐

一收土貨復進口稅　共關平銀壹百貳拾叁兩叁錢柒分玖釐

一收生熟藥土膏稅

洋藥		土藥			
進口正稅　無	專條釐金　無	進口正稅　無	出口正稅　無	各[illegible]釐金銀　無	復進口稅　無

共關平銀無

一收船鈔　共關平銀肆兩柒錢

以上本結收洋商稅鈔共關平銀叁千叁百捌拾肆兩肆分壹釐

九五五　署理總税務司裴式楷致外務部清折

福海關征收華洋商船税鈔數目

（宣統二年二月初六日）

華商船隻各税款

一收洋貨進口正税
共關平銀拾捌兩玖錢玖分壹釐

一收土貨出口正税
共關平銀壹千貳百捌拾陸兩陸錢伍分玖釐

一收土貨復進口税
共關平銀壹百叁拾兩伍分肆釐

一收生熟藥土膏税

洋藥：進口正税無；專條釐金無

土藥：進口正税無；出口正税無；又種之內銷釐金餉無；復進口税無

共關平銀無

一收船鈔
共關平銀無

以上本結收華商税鈔共關平銀壹千肆百叁拾伍兩柒錢肆釐

九五五　署理總税務司裴式楷致外務部清折
福海關征收華洋商船税鈔數目
(宣統二年二月初六日)

華洋子口税款

一收洋貨入内地子口税　共關平銀捌百柒拾捌兩捌錢玖分陸釐

一收土貨出内地子口税　共關平銀無

以上本結收華洋子口税共關平銀捌百柒拾捌兩捌錢玖分陸釐

統計三款共收關平銀伍千陸百玖拾捌兩陸錢肆分壹釐

查本結統計三款内應扣除由本關押註現銀存票無

洋藥税釐併徵款項

一收洋華船洋藥進口正税　共關平銀無

一收洋華船洋藥專條釐金　共關平銀無

以上共收洋藥進口正税專條釐金　統計二款共收關平銀無

查本結底所有蔓關未完税釐之洋藥開後

白皮土無　金花土無

九五五　署理總税務司裴式楷致外務部清折
福海關征收華洋商船税鈔數目
(宣統二年二月初六日)

公班土無　熟膏無

喇庄土無

土藥統税正經款項

一本結代收土藥統税正項　共庫平銀無

一本結代收土藥統税經費　共庫平銀無

以上二款共收庫平銀無

運漕册帳

本結運漕　口共裝無　石斗升合　每石按壹百肆拾斤計

應免未免税之二成貨物　共出口無　復進口無　觔　觔　按壹百貳拾斤為壹石合算

開除撥抵之二成貨税　共關平銀無

合併聲明

九五五　署理總税務司裴式楷致外務部清折

福海關征收華洋商船税鈔數目
（宣統二年二月初六日）

宣統元年[illegible]月貳拾柒日

四品銜福海關署税務司華善呈報

三等幫辦霍李家譯漢

校對

宣統二年二月初六日

隨中文第一千一百十四號

署總税務司裴式楷轉呈

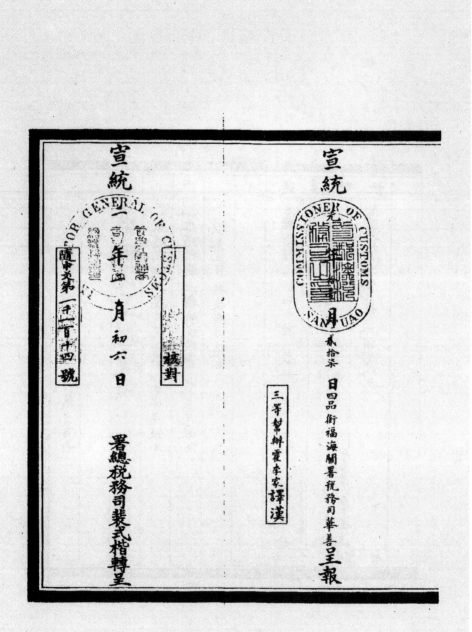

九五六　署理兩廣總督袁樹勛奏折

粵海各關收支洋税數目
（宣統二年二月二十九日）

頭品頂戴署兩廣總督兼署廣東巡撫事臣袁樹勛跪

奏為粵海各關第一百八十九結至一百九十三
結洋稅撙節釐剔歸公各款數目繕單恭摺具
陳仰祈
聖鑒事竊粵海關自改章整頓後經前兩廣督臣岑
春煊
奏請將前廣東撫臣張人駿接管關務時規畫整
頓每歲增出銀四十餘萬兩撥補匯豐鎊價無
著之款奉
旨着照所擬辦理該部知道欽此並准戶部咨此項增
出銀兩俟該關一年期滿核明數目另列清楚

九五六　署理兩廣總督袁樹勛奏折
粵海各關收支洋税數目
（宣統二年二月二十九日）

一項奏報無庸列入正額盈餘數内統算以清
界限等因查粤海關洋税節省各款已報至一
百八十八結止常税及各口税節省各款已報
至三十三年年底止兹查光緒三十三年八月
二十四日第一百八十九結起至三十四年十
二月初九日第一百九十三結止洋税收支款
内共節省歸公紋銀二十五萬九千九百六十
六兩六錢六分八釐已全數撥補光緒三十四
年分匯豐鎊價無著之用除將收支細數造册
分報度支部税務處查核外所有粤海關第
一百八十九結至一百九十三結洋税節省歸

九五六 署理兩廣總督袁樹勛奏折

粤海各關收支洋税數目
(宣統二年二月二十九日)

公各款數目理合開具清單恭摺具
奏再三十四年分常税及各口税項下節省歸公
各數現已另案開單報銷合併陳明伏乞
皇上聖鑒謹
奏
該部知道單併發

宣統二年二月 二十九 日

九五七　署理兩廣總督袁樹勛奏折

粵海各關洋稅節省數目
（宣統二年二月二十九日）

頭品頂戴署理兩廣總督兼管廣東巡撫事臣袁樹勛跪

奏為粵海各關一百八十九結起至一百九十三結止經徵洋稅各款收支數目開單報銷恭摺

仰祈

聖鑒事竊查粵海各關經徵稅項惟粵海潮海瓊海北海三水江門各關洋稅洋藥稅收支數目係按四結專摺奏銷其各關洋藥釐金九龍拱北兩關洋藥稅與九拱兩關百貨稅收支銀兩為數亦鉅向止分案造册報部不列奏銷以致隱匿侵盜弊端百出自關務改章後業將光緒三十年十一月初四日即第一百七十七結第三

九五七　署理兩廣總督袁樹勛奏折　粤海各關洋税節省數目
（宣統二年二月二十九日）

月第十天前廣東撫臣張人駿接管之日起至
光緒三十三年八月二十三日第一百八十八
結止凡粤潮瓊北三江九拱各關洋税洋藥税
暨九拱兩關百貨税徵收解支銀數按屆併案
先後開單
奏銷並造册送部核銷在案兹於宣統元年十月
初十日准度支部電開各關洋税四結奏銷與
清理財政全年册報相差一結應改歸一律以
便查考粤海關洋税奏銷應自一百八十九結
起扣至一百九十三結止計五結彙總辦理並
將前項更改緣由隨摺聲敘以後仍按四結造

九五七　署理兩廣總督袁樹勛奏折
粵海各關洋税節省數目
(宣統二年二月二十九日)

推等因前來兹將自光緒三十三年八月二十
四日第一百八十九結起至光緒三十四年十
二月初九日第一百九十三結止粵海潮海瓊
海北海三水江門九龍拱北各關洋税洋藥税
釐暨九拱兩關百貨税收支款目銀數併案
奏銷繕具清單恭呈
御覽除造具四柱清册咨送度支部税務處查核外
理合恭摺具
奏伏乞
皇上聖鑒謹
奏

九五七 署理兩廣總督袁樹勛奏折

粵海各關洋税節省數目

(宣統二年二月二十九日)

該部知道單併發

宣統二年二月二十九日

九五八 原辦廣澳鐵路職商梁雲逵致外務部稟文

廣澳鐵路請先築至香山俟與葡國商妥再展至澳門(宣統三年正月)

稟

具呈原辦廣澳鐵路職商梁雲逵謝詩屏唐曜初唐宗偉等
為路股有着久候情急乞 恩咨覆郵部准予給札開辦以恤下情而維路政事竊
廣澳鐵路光緒三十年十月原准職等與葡商合辦嗣以葡商集股未成經職
等力爭由澳督據情轉達葡政府自願注銷原訂合同准華界內歸職等
承辦葡商伯多祿亦立有退辦柄據光緒三十三年十月職等到京稟明

九五八　原辦廣澳鐵路職商梁雲逵致外務部禀文

廣澳鐵路請先築至香山俟與葡國商妥再展至澳門(宣統三年正月)

郵部轉咨　大部照會葡使廢約迭經催速至三十四年八月始据葡使設辭
允將原訂合同注銷職等遂稟懇郵部批准集股承辦宣統元年二月初六
日蒙郵部堂憲傳諭西爾將股本呈報是年十二月二十日經將各股東收集
小股銀一百六十萬圓呈驗宣統二年二月十六日奉郵部批稟暨單據均
悉現廣澳路事外部正與葡使磋議一俟商妥即行札飭開辦一面迅速回籍
招集商股等因各在案職等恪遵批示即於去年四月親往天津漢口上海香港
廣州各商埠聯合創辦同人實力招股認股者極形踴躍職等見此情形自
信必不負　大部維持路政之至意遂於八月返京候領部札守候至今未蒙
札飭焦急萬分恐事稽延葡人另生枝節且股友懷疑勢成渙散今公同商議
先由廣州省城築至香山縣城計約一百七十餘華里俟　大部與葡使商妥再
照原案展築至澳門外之關閘似此通融并無窒礙伏乞　俯恤下情咨覆郵
部札飭職等開辦爲　恩便宜甚除稟明郵部外理合切赴

九五八　原辦廣澳鐵路職商梁雲逵致外務部稟文

廣澳鐵路請先築至香山俟與葡國商妥再展至澳門(宣統三年正月)

中堂
王爺台前恩准施行
大人

附印結一紙

宣統三年正月　日謹呈

九五九　外務部奏折　禁止印度洋藥入境
(宣統三年七月初二日)

擬准

奏 外務部摺 各省禁運印度洋藥等由

○

七月初二日

臣奕劻等跪

奏為各省禁運印度洋藥先擇禁烟成效最著

省分照會英國使臣商定辦理恭摺仰祈

聖鑒事竊查本年四月初十日中英續訂禁烟條件

第三款內載無論何省土藥已經絕種他省土

藥亦禁運入境有確據則印藥即亦不准進入

九五九　外務部奏折

禁止印度洋藥入境

(宣統三年七月初二日)

該省等語。條件簽押後，當經臣部電達禁烟成績較著之各省督撫，令詳察情形，據實聲復，以憑分別商辦禁運。茲據陸續電復，如奉天、吉林、黑龍江、山西、四川各省，均據稱土藥早經禁種，疊次委員履查，烟苗一律淨盡，鄰省土藥亦均嚴禁入境；四川則禁他省土藥入境，并禁本省土藥出境。以上數省，向屬成效最著，既據各該督撫確實核查，訪諸輿論，亦信而有徵。隨經臣部照會駐京英國使臣，請按照條件禁止印藥運入各該省。茲已據該使臣照復認可，除俟咨會禁

九五九　外務部奏折　禁止印度洋藥入境（宣統三年七月初二日）

運日私利營官於廣東同知亦應請
旨飭下外務部督飭凡業經禁絕種烟之地仍隨時
奏明永遠不准復種業經禁運之他項土藥務
飭各關卡嚴加巡緝不准再行運入庶一經禁
運洋藥即可永從斷禁此外各省如查有種烟
雖已斷絕並體察情形禁止洋土藥入境不實
扞格難行即由臣部接續商明英使擬此條
俾指經以限期申禁早求全功所有分年禁
運洋藥先擇華英等處商定五條各緣由理合
恭摺具陳伏乞

九五九　外務部奏折

禁止印度洋藥入境
（宣統三年七月初二日）

皇上聖鑒訓示謹

奏

宣統三年七月初二日奉

硃批依議欽此

七月初二日

責任編輯／于紅霞
封面設計／耀午書裝

圖書在版編目（CIP）數據

明清宮藏中西商貿檔案／中國第一歷史檔案館編．
—北京：中國檔案出版社，2010.4
ISBN 978—7—5105—0157—9
Ⅰ.①明… Ⅱ.①中… Ⅲ.①對外貿易—經濟史—史料—中國—1624～1911 Ⅳ.①F752.94
中國版本圖書館CIP數據核字（2010）第043983號

明清宮藏中西商貿檔案

出版　中國檔案出版社（北京宣武永安路106號　100050）
發行　中國檔案出版社
印刷　中國印刷總公司北京新華印刷廠
規格　787×1092mm　1/16　印張　321
版次　2010年6月第1版　2010年6月第1次印刷
定價　5800.00圓（全八冊）

ISBN 978-7-5105-0157-9
9 787510 501579 >